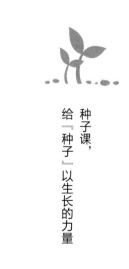

种子课，给「种子」以生长的力量

种子课 2.0

——如何教对数学课

俞正强◎著

教育科学出版社
·北京·

出 版 人 　李 　东
策划编辑 　刘 　灿
责任编辑 　郑 　莉
版式设计 　宗沅书装 　孙欢欢
责任校对 　翁婷婷
责任印制 　叶小峰

图书在版编目（CIP）数据

种子课 2.0：如何教对数学课／俞正强著 . —北京：
教育科学出版社，2020.1（2025.5 重印）
ISBN 978-7-5191-2073-3

Ⅰ.①种… 　Ⅱ.①俞… 　Ⅲ.①小学数学课—教学研究
Ⅳ.①G623.502

中国版本图书馆 CIP 数据核字（2019）第 279512 号

种子课 2.0——如何教对数学课

ZHONGZIKE 2.0——RUHE JIAO DUI SHUXUE KE

出 版 发 行	教育科学出版社			
社　　　址	北京·朝阳区安慧北里安园甲 9 号	邮　　编	100101	
总编室电话	010-64981290	编辑部电话	010-64981269	
出版部电话	010-64989487	市场部电话	010-64989009	
传　　　真	010-64891796	网　　址	http://www.esph.com.cn	
经　　　销	各地新华书店			
制　　　作	北京金奥都图文制作中心			
印　　　刷	中煤(北京)印务有限公司			
开　　　本	720 毫米×1020 毫米　1/16	版　　次	2020 年 2 月第 1 版	
印　　　张	15.5	印　　次	2025 年 5 月第 17 次印刷	
字　　　数	190 千	定　　价	49.80 元	

谨以此书献给所有以上课为乐，
并愿将每一节课作为礼物呈现给孩子的老师们！

数学是小学最重要的基础课程之一，是促进学生思维发展的重要科目。小学生从初学数学时候的形象思维逐渐向抽象思维发展，由具体运算阶段向符号运算阶段发展。学生在学习数学时往往要经过几个坎：从正数到负数，从整数到分数，从算术到代数，从单维空间到多维空间。老师把握好这几个节点，帮助学生顺利地通过这几个坎，学生学习数学就不会遇到更多的困难，就能顺利地进行。

但是有些老师却不是从培养学生的思维出发，而是强调掌握数学知识和做练习题。特别是在应试教育中，甚至提出数学题要"一看就会，一做就对"，似乎想把天下的试题都让学生做一遍，以应对考试。这不仅增加了学生的学业负担，而且把学生变成做题的机器，完全不符合数学教学的目的，违背了数学教学的规律。因此，推进素质教育，数学教学就应还原它的本质，教师不仅要让学生学会练什么，更重要的是要让学生知道为什么，也就是要把数学的重要节点、数学的逻辑教给学生。

俞正强老师的种子课，我想就是在把数学的重要节点教给学生，培养学生的数学思维，使种子发芽，让学生能够举一反三，把握数学的脉络。我不是数学教师，这是我看了他本书中的教学案例后得出来的想法，不知道说得对不对。把握好数学教学的重要节点，就要对小学数学教学有一个全面的把控和通盘的设计。没有对数学教学的深入研究是做不到这一点的。俞正强老师做到了。俞老师的经验，对推动素质教育，具有重要意义。

俞正强老师的数学教学还有许多特点。我曾经听过他的报告，也听过他的课。他的课逻辑思维很强，一环扣一环，步步深入；而且他语言风趣，引人入胜，使数学变得不枯燥、很有趣，很受学生的欢迎，这样学数学也就变得容易了。

俞正强老师是北京师范大学教育家书院第一批兼职研究员，我们多次在一起研讨教育教学问题。《种子课2.0——如何教对数学课》是他几十年对数学教学进行探讨的结晶，是经验的总结、理论的升华。读者从本书中可以看到俞正强老师对小学数学课的深刻理解和精心设计。我祝贺本书的出版。

2019 年 11 月

— 目 录 —

为什么要教对数学课?

(一)

我们经常讨论怎么把数学课上好。工作时间久了，面对学生各种各样的学习表现，发现我们的数学课，首先要教对。学生的许多不良学习状况的出现都是因为我们没有教对，即错的教一定生出更多错的学，而我们老师却不知道自己没有教对。这样说，可能老师们会十分不解或十分生气：我们教错了吗?

我们先来讨论一个例子：

一辆汽车每小时行驶 80 千米，5 小时行驶多少千米?

二年级的学生都会这样做：$80 \times 5 = 400$（千米）。

到了五年级，学生们学习了方程，要求他们用方程解决问题，于是这道题目要这样做：

解：设行驶 x 千米，列方程得

$$x \div 80 = 5$$

$$x = 5 \times 80$$

$$x = 400$$

我们所有的老师都不曾对这样的学习产生过怀疑——这是很自然的啊。

但如果我们站到学生的角度看这个变化，学生会十分不解：明明 80×5 即可解决此问题，为什么要如此麻烦地用方程呢?

所以，小学阶段的学生都十分抗拒或者或多或少地存在抗拒用方程解决问题的心理倾向。

在小学高段任教时间较长的老师很多会有这样的发现：在考试的时候，若非题目后面注明用方程解，学生通常不会用方程解。

这种现象如此普遍，以致我们认可了这种现象，且视之为正常。因为视之为正常了，所以我们失去了对我们教学是否正确的审视。

书本中对方程有过这样一个定义：

含有未知数的等式叫方程。

根据这个定义，我们把 $5+x=8$ 视为当然的方程，求得 $x=8-5=3$，即方程的解。

所以，现在小学里把 $5+\square=8$ 视为方程的雏形。

（二）

对方程，主要认识两个点：

一个认识点是什么是未知数，这个点在"用字母表示数"中解决。

另一个认识点是什么是等式，这个点应该在"方程的认识"中解决。

$5+3=8$ 是等式吗？我们从来没有去思考过。等式须有一个等量，等式所表示的关系我们叫等量关系。数量关系和等量关系一样吗？

在二年级的时候，学生们面对的问题是这样的：

从甲地到乙地，一辆汽车每小时行驶 80 千米，5 小时行驶完，问甲乙两地之间的距离是多少？

学生可用一个算式来表示：80×5。这个算式的理解依据是从甲地到乙地有 5 个 80 千米。

从量的角度来思考，速度与时间之间的关系是相乘，相乘后得到一个新的量，即路程。完整地说是速度×时间＝路程，此谓数量关系。

数量关系中的三个量之间是互逆的，于是得到：

路程÷速度＝时间；

路程÷时间＝速度。

到了五年级的时候，学生们面对的问题是这样的：

从甲地到乙地，货车每小时行驶 80 千米，5 小时行驶完；客车每小时行驶 100 千米，4 小时行驶完。

问题变复杂了：

从二年级时候的一件事情一个主角演绎出一个故事，变成了五年级时候的一件事情两个主角演绎出两个故事。

因为问题变复杂了，所以思考长度也发生了变化。货车有货车的速度、时间与路程，客车有客车的速度、时间与路程。因为两个主角都做了"从甲地到乙地"这件事情，可见三个量中有一个量是一定的，即路程一定。这个一定的量即两个主角演绎的两个故事中的等量。

这样，学生便有了等量的概念。因为有了等量，便可以把两个算式联结起来：$80×5=100×4$。

等式表示两个式子相等，这种关系叫作等量关系。

与数量关系中互逆性有别，等式中遵循的是守恒，即等号两边同时等量增加、减少或扩大、缩小，相等关系是不变的，即平时所谓的等式性质。

通过以上分析，我们是否把等式这件事情说清楚了？

我们来看我们的教材是怎样认识方程的：

不论哪个版本的教材，都采用一个天平秤来做道具，左边等于右边，即等式。

这种对等式的认识混淆了算式和等式之间的差别，只得了其形而未得其神，给学生们用方程解决问题带来诸多困惑。

（三）

方程与算术、等式与算式并不同，我们可以对其做如下进一步描述。

题目：从甲地到乙地，货车每小时行驶 80 千米，5 小时行驶完；客车每小时行驶 100 千米，几小时行驶完？

用等式来解决，其思考过程可以描述为：

审题：一件事情两个主角，等量为路程，得到等量关系——货车速度×

货车时间=客车速度×客车时间。

因为客车行驶时间未知，所以设客车行驶时间为 x，得到：

$80×5＝100×x$。

用算式来解决，其思考过程可以描述为：

要求客车行驶了几小时，必须知道客车行驶的路程和客车的速度，即：

客车速度已知，客车路程未知，怎么得到客车路程呢？原来客车路程就是货车路程，因为它们走的是同一条路。这样就把客车路程替换为货车路程。那么，如何得到货车路程呢？用货车速度×货车时间，即：

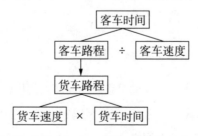

已知货车速度为 80 千米/小时，货车时间为 5 小时，至此，思考过程描述完整，得到算式：$80×5÷100$。

此所谓分析法。

另一种思路是综合法，即：

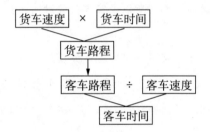

过程不做叙述。

得到算式与得到等式的差别，学生们是一定可以体会的。但因为学生在"方程的认识"中缺乏对算式与等式的体会，所以容易混淆、分辨不清，从而不肯用方程解；到了大学毕业后回小学教书，又不会用算术解。到目前为止，小学数学教师中也鲜有老师能明白地厘清等式与算式、数量关系与等量关系间的区别与联系。

（四）

我们用"方程的认识"在说明教对的问题，如果读者承认这里有问题，那么，大家势必会接着有一问：这是孤例吗？小学数学中还有别的例子吗？

我能肯定地回答：还有很多。

与"方程的认识"联系最紧密的一节课是"用字母表示数"。对这节课，我们的课堂教学中有这样一个版本：

师：同学们，你们猜老师今年几岁啊？

生：30 岁、70 岁……

师：老师告诉大家，老师比大家大 39 岁。

得到如下板书：

生	大 39 岁	师
11		50
12		51
13		52
…		…
a		$a+39$

审视以上内容，我们发现，用字母 a 来表示学生的年龄，学生的年龄对学生而言，始终是知道的、确定的——尽管会变，但它也是确定的。用字母来表示一个确定的数，就会给未来用方程解决问题时如何设未知数为 x 带来困惑。

为什么那么多学生对数学学习感到困惑，继而感到困难？为什么许多智力好的学生也不觉得数学亲切？这一定是有原因的。这个原因不是知识本身的对与否，而是我们"教"的这一行为的对与否。

我们所接受的数学知识，是人类对世界进行数学思考的末端成果，而这个数学思考过程的起点或其发生进程中的内容却被人们想当然地替代了，这种替代所蕴含的错误给学生的数学学习带来困难。

（五）

在小学阶段"数与代数"这一领域内容中，有两节课教得对与否至关重要，即以上所提到的两节课——"方程的认识"和"用字母表示数"。这两节课上对了，学生的数学学习特别是用方程解决问题中的不会设、不会列这两个问题，就会得到基本解决。而这两节课，是这一知识内容的种子课。

2013 年在北京师范大学教育学部教育家书院学习期间，在顾明远先生、郭华导师和李芒导师的帮助下，得到教育科学出版社刘灿先生的支持，出版了《种子课 一个数学特级教师的思与行》（简称《种子课》）一书。五年来，此书受到一线教师和教育专家们的好评，特别是郑毓信教授，专门写了一篇关于《种子课》的读后记。（详见本书附一）还有上海社会科学院的王泠一先生，也写了《种子课》的书评。（详见本书附二）为此心存感恩，希望自己真的能够用自己的经验帮助那些以教书为乐、一心为学生的老师们改善自己的课堂教学。

那么，如何上好种子课？哪些课是种子课呢？这些是一线教师问得最多的问题。为此，整理了这本书，作为对种子课的后续思考，并在刘灿先生的建议下将其命名为"种子课2.0"，这样既表明联系，又展示深入；书的主题定为"教对数学课"——种子课若没有教对，会带来诸多问题。

全书分为上下两编：上编主要是对上好种子课的认识层面的思考，讨论怎样是教对；下编主要是对上好种子课的操作层面路径的介绍，并列举了一些种子课例。这里特别想说明的是，这些种子课例都是本人的实践，但它们在行文上有所不同，因为有的是本人的教学设计，有的来自听课老师的教学欣赏，有的则来自教研活动过程的实录……。我想这样的不同，于读者应该是有益的，便保留了其原来的形式。

本书不但适合老师读，师范类学生也可以读，甚至也欢迎家长来读——很可能您懂的是知识，至于怎么让孩子懂，怎么样算懂了，也许您并不了然。小学数学教学是一门专业。

在成书过程中，本人深感其中的粗糙与不足，敬请所有对数学教学有感情的老师与专家不吝赐教。

上编 教对数学的问题讨论

· 教书，是啥一回事？

· 小学数学是怎么育人的？

· 学生的问题为何越来越少？

· 课改，因何而改？

· 教学目标，我们如何把握？

· 新授课，如何把握教学设计？

· 复习课，如何把握教学设计？

· 课业负担如何减轻？

❀ 导　语 ❀

　　要把数学教对，首先要有一些对的认识。认识主要包括以下几个方面。

　　1. 知识是有类型的，不同类型的知识，对学生所具有的意义是有差别的。对老师而言，针对不同类型的知识，就要有不同的教学方法。教学就要用合适的方法教特定的知识内容。

　　2. 目标是有层次的，因此，目标的达成也是有先后、有缓急的。先后缓急本质上是教师对教学目标的艺术把握。目标，大而言之有知识目标和人格目标，分别相对于教书与育人两件事情；小而言之有课时目标与学科目标；再小而言之有环节目标等。

　　3. 数学学习是儿童在完成。在改善我们教学的时候，改本身不是目标，适合儿童才是改的目标。若不知道怎么改，可以先不要改。

　　4. 课业负担的减轻，一定要在教学方法上下功夫。不适宜的方法，一定会带来更多的作业。方法不改变，硬生生地减少作业，必然带来学习效果的下降。

教书，是啥一回事？

朋友、知音和爱人

教书，是啥一回事？你会说教书育人、传道授业解惑……。这些答案都是从书上看来的。今天我谈一些亲身感受，从朋友、知音和爱人这三个给我们温暖的词说起。

你怎么理解这三个词？首先，三者都是人与人之间的一种关系。具体是怎样的关系？因为我是数学老师，就给它们都建了模，用模型来解释。

我把一个人看作容器，容器里装满了我们自己的"明白"，也就是自己所形成的人生观、价值观、世界观。这些"明白"，有些可以用语言说出来；有些说不出来，就要唱出来、画出来；有些连这样也不行，所谓只可意会不可言传。

我们所有的表达，都是为了让别人理解我们的"明白"。朋友，就是能用他的"明白"理解我的"明白"。他所能理解的部分越多，说明我们的友谊越深。比如我拥有的"明白"的量是1，能理解0.1的是普通朋友，能理解0.5的才是闺蜜。

如果一直上升到你是1、他也是1，那他就是知音了，因为他能从头到尾明白你的"明白"。你刚说个开头，他就说："哎呀，我也是这么想的!"这大概是人世间最幸福的事了。但是要注意，人的"明白"是处于成长中的，稍有变化，两个人的"明白"就不一定能完全相融了。所以，知音通常是一瞬间的交辉，是绝唱，是一个临界点。

你会想，知音都到 1 了，那爱人岂不要爆表了？爱人和以上两种人完全不同。当你真正爱上一个人的时候，你就把自己清空了，你没有自己的"明白"了，成了"空白"。恋爱里的人经常会互相撒娇，撒娇都是不讲理的，但是对方很享受，觉得撒娇的那个人怎么都好。这就是把自己给清空了。所以，爱人就是，即便你的"明白"我统统不明白，也会以你的"明白"为我的"明白"。如果有一个人愿意为你这样做，那非常难得、非常珍贵。

教书的两种基本类型

说透了这三种关系，再来说我们的教学。归根结底，教学本质上也是一种关系，是师生之间的关系。

首先要明白，哪怕是小学生，他也有他的"明白"。

人类的知识分为两类：第一类是"自然早于人"，这类知识存在于自然界中，自然显现，是人对自然的解读；第二类是"人一定早于自然科学"，这类知识是自然界中没有的，由人类根据需要，用语言规定出来。

对第一类知识，小朋友会有一定的"明白"，因为他在进小学前，已经活了很多年了。但这种"明白"和我们老师的"明白"不一样，我们的任务是把他们的"明白"改造成我们的"明白"。这是教书的第一种类型——改造型教学。

第二类知识因为是人为规定的，小朋友上课之前没有经历过，这个知识对于他就是"空白"。老师的任务是把我们的"明白""灌"进他的"空白"，让我们的"明白"成为他的"明白"。这是教书的第二种模型——灌输型教学。

小学数学，甚至所有的教学，都离不开这两种基本类型。上课前，一定要弄清楚，你上的内容，到底是属于小朋友的"明白"，还是他的"空白"。

比如，奇数和偶数是我们的"明白"，是数学意义里的"明白"；孩子的"明白"是单数和双数，是他自己在生活中懂的。那么，我们需要把他的"明白"——单数和双数，改造成我们的"明白"——奇数和偶数。

而对于质数，我们的"明白"是"质数就是它的约数只有 1 和它本身的数"；这对于孩子来说，他的相关生活经验是一片空白，因为它只是一个数学规定嘛。这时候，我们就要把质数的概念"灌"给他。

小学阶段，我们遇到的大多是第一种情况。

我曾经上过一节平均数的课。我们都知道，平均数是代表一组数平均水平的虚拟数，它刻画了一组数据的集中趋势，是描述数据集中程度的重要统计量。可是，你怎样让三年级小朋友明白代表性、虚拟性和统计学意义呢？

我编了一个故事：

学校要调查一下同学们跑得快不快，身体好不好。一个二年级小朋友回家让爸爸帮他测了一下：60 米的短跑，小朋友第一次跑了 15 秒，第二次跑了 14 秒，第三次跑了 12 秒，第四次跑了 10 秒，第五次跑了 14 秒。回来填表的时候他犯愁了：60 米我通常要跑多少秒呢？

通过这个情境，学生自然瞄准了找"能代表这五次跑步成绩的数"，为平均数具有"代表性"做了一个心理铺垫。我的问题来了——

师：他先填了 15 秒，又把 15 秒给涂掉了。同学们，你们说这个小朋友是怎么想的？

生：这是他所有成绩中最差的。

师：把这个最慢的交给老师，他甘心吗？不甘心啊。于是，他就填了一个 10 秒，但过了一会儿把 10 也给擦掉了，你们知道他是怎么想的吗？

生：10 秒太快了，不敢填！

师：对，10 秒太快了，万一跑不出来怎么办呢？多不好意思。那么请问小朋友们，最后他会填多少呢？

生：14 秒。

师：为什么？

生：最多，他跑出两次 14 秒。

师：14 秒出现的次数最多，但他甘心吗？

生：好像还是不甘心。

师：为什么？14 秒还是偏慢。他明明还跑过 10 秒、12 秒的成绩。那怎么办呢？

生：15 秒偏慢，14 秒偏慢，10 秒偏快，12 秒也偏快，13 秒刚好不快不慢，正好代表他的水平。

师：问题来了，同学们，13 秒好像是正好，但是他敢填吗？

生：不敢。

师：为什么？

生：没跑过。

……

没跑过，虚拟性就出来了，而这个数能够代表他的一般水平，有了意义，也就成了数据。我们把有这两个特征的数，叫作平均数。

在这个案例中，最快最慢、偏快偏慢、代表水平都是学生的"明白"，"代表一组数平均水平的虚拟数"是老师的"明白"。我怎么让学生去调用他的"明白"？用材料。这个案例里的材料是我的故事，给学生提供了思考的空间。最后，孩子们在 15、10、14、12 中摇摆，最后出来一个 13，这是思考的顺序，是时间概念。思考就是这样在时间和空间中完成的。

第二种教书类型是灌输法，即把我们的"明白""灌"进学生的"空白"。你一定要"灌"得气势磅礴、酣畅淋漓，"灌"到小朋友欲罢不能。什么意思？灌输的通道有五个——眼、耳、鼻、舌、身。一般老师只用眼、耳两个通道，那种"灌"是不饱满、不酣畅的。你要注意不断地变换通道，打开他尽量多的通道，这样你的"灌"才生动，小朋友接受得才好。

备灌输法的课，首先也要确定自己的"明白"是什么；然后确定学生真的是"空白"；接着选择"灌"的材料，也就是通道；最后确定那些通道的先后顺序。

师德是"术"下的"道"

现在要考考大家，这两种教学类型分别对应了之前建立的朋友、知音和爱人哪种模型？

对了，改造的前提是让学生成为我们的朋友，那他就能用自己的"明白"理解我们的"明白"；灌输的前提是学生爱我们，那你怎么"灌"他都觉得好，否则，你怎么"灌"他就怎么躲。

所以，提高我们的教书水平有两条路走：一条路是"术"；另一条路是"术"下面的"道"，也是真正起决定作用的。教书表面上是我们怎么上课，骨子里是我们跟孩子的关系。在小学里，孩子天生会爱老师，但是到三年级、四年级时，你就要拿点真功夫出来让他崇拜你，这样的爱才会持久。

当然，我们首先要爱他，要"友"他。现在老师们好像不喜欢讲师德，觉得一讲起师德就是全国师德楷模那样爱学生爱到废寝忘食，爱到自己的孩子发烧也不管，爱到身体很不好。其实师德并非如此。

我工作的第三年，有个学生跟我说："俞老师，我回去老是说你好。我爸爸就问我了，你们老师好在哪里？我想了一个晚上，也想不出你好在哪里。"我一听着急了，刚要抢话，小家伙问了我三个问题，我到现在对问题和我的回答都记得很牢：

第一个问题是，你有没有带病坚持上课？我说没有。我那年21岁，哪有病？第二，你有没有备课到深夜，窗前还亮着明亮的灯？我说没有，我每天晚上六点半睡觉。（事实确实如此。）第三，你有没有把我们留下来补课到天黑，天上下着瓢泼大雨，你一只手撑着雨伞，一只手打着手电筒，送我们回家？我说没有。

小家伙看着我的眼睛说："你看，所有的好你都没有。"然后她头一低，自言自语道："我怎么就觉得你好呢？"那一瞬间啊，我突然想起了一句诗：最是那一低头的温柔！

到这里，教书是啥一回事，我想大家都明白了：让学生"友"我们，让学生爱我们；让我们值得学生"友"我们，让我们值得学生爱我们。有了这些，教学就会成为一件十分有意思的事情。

小学数学是怎么育人的?

——以"确定位置"为例

30 多年前,曾经专门跟着老教师研究过学科育人——小学数学老师也是要育人的。于是,我们通常把 2 个苹果加 3 个苹果这样的问题,改成奥运会上 2 块金牌加 3 块金牌这样的问题。好像用苹果就没育人,用金牌就是在育人了。

奥运会上的夺金爱国这件事情,其实语文学科也好用,科学学科也可以用。什么学科都能用的问题情境,是否是数学学科的育人特征?

我一直认为,如果学科可以育人,那么,此学科的育人效果一定是另一学科所不可替代的。或者说,该学科一定是有其他学科所不可替代的核心价值。

下面以"确定位置"为例,结合 30 多年的教学实践,试着谈谈数学学科的育人实现。

在小学数学中,"确定位置"大约分为四个阶段的内容。

第一阶段:用"上下前后左右"等方位来描述位置。

第二阶段:用"东西南北"(上北下南左西右东)来描述位置。

第三阶段:用"数对"来描述位置。

第四阶段:用"方向+角度+距离"来描述位置。

不同的教材之间会有少许的不同,但大致如此。确定位置的格式基本可以描述为:谁,用什么工具,描述谁的位置。在这里,工具是知识目标,包括基础知识与基本技能。谁来描述谁,即谁和谁之间,蕴含着孩子们的角色体验。那么，角色体验分别是怎样的呢？

从"我"到"我们"

在第一阶段，工具是上下前后左右，孩子用这些工具来描述以自我为中心的他人位置。其角色体验基本是自我中心的。

在第二阶段，工具是东西南北这些四面八方的方向词，其角色体验是怎样的呢？

在上下前后左右的描述中，我们发现这种描述都是以个人为中心的。多个个人之间的位置确定让彼此明白就会有困难。于是，需要以我们为中心来确定位置。当这个"我们"从一个人扩展到一个无法聚集在一个特定空间的人群时，位置的确定就需要标志物，而且这个标志物要为全体人所共识。

很自然的，太阳是这个人群所共识的。于是，我们选择以太阳为标志物来规定位置：

早上起来，面向太阳，前为东，后为西，左为北，右为南。

这个工具的规定，是以我们为中心的。

但太阳这个标志物也有一个缺点，就是它整天在移动。不同的季节其位置也会发生变化，给位置的确定带来麻烦。

于是，人们选择用北极星来作为确定位置的标志物。因为北极星有个优点，不论时间，不论季节，其位置基本不变。于是，有了上北下南左西右东的定位。

大家发现没有，四面八方作为知识目标是非常简单的，难的是从"我"到"我们"的角色体验。这个体验，是以标志物的选择过程为实现过程的。

从"我们"到"对方"

第三阶段，是数对。

数对的知识目标也是十分简单的，可以说是一学就会的。难的是什么呢？难的依然是角色体验。

数对的认识基础无疑是孩子们非常熟悉的几组几号。学生是用几组几号来理解数对的。几组对应着横轴，几号对应着纵轴。那么，角色体验是如何来完成的呢？

就学生而言，教室的座位模型是这样的（以40人为例，见下图）：

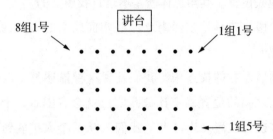

这个学生们熟悉得不能再熟悉的模型，其组别与号别的排列顺序是这样的（见下图）：

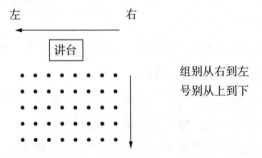

而这个方向正好与数对的坐标是相反的。有的老师会说这是第三象限。从知识上这是对的。但这节课，学生的经验如此，如何改造，让学生完成角色的体验，是十分重要的。因此，不能用第三象限来解释。

为了促进学生们进行角色体验，可以引导他们讨论以下问题。

1. 我们班里几组几号的编号是为了方便谁？（学生可能会说是为了方便老师。）

2. 从老师的位置来看我们班的座位图（见下页图），组别与号别的方向跟我们看的一样吗？如果不一样，那么该是怎样的呢？

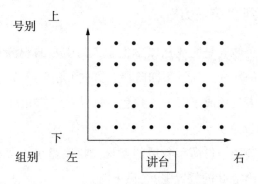

3. 如果此学生为 1 组 1 号，若老师站在 A 处，一定要编个号，可以怎么编？（见下图）

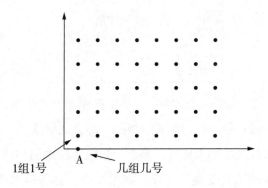

4. 如果 A 处为 1 组 0 号，那么 B 处可以编为几组几号？（见下图）

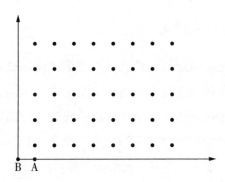

（B 处为 0 组 0 号。）

至此，角色体验就完成了从我（我们）到老师（对方）的过渡，即完成了从对方的角度来确定自己的位置的体验。

从"对方"到"第三方"

数对的角色体验是完成从以学生个人为中心的观测点到以教师为中心的观测点的转变。到了第四阶段：方向+角度+距离，学生的角色体验则从当事人角色成了局外人角色，即从第三方角度，以 A 为观测点，确定 B 的位置。

教材通常会用一份海事救援的素材：救援船在 A 处，失事船在 B 处，请问如何确定 B 的位置呢？（见下图）

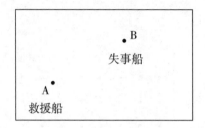

A、B 双方组成了一个"局"。学生在哪里？学生在局外，成了第三方。第三方的角色，可以说置身事外，却急人所急。

当然，如果把学生当成 A，那么，角色体验就回到第一阶段去了，只是确定位置的工具发生了变化。如果这样，体验就单薄了许多。因此，个人认为，教材中的材料选择，是有意义的。

"确定位置"的育人意义

确定位置，是谁确定谁的位置。谁和谁之间的变化，就形成了这一教学内容的角色体验。这个角色体验是一个持续的过程。持续时间前后相隔五年。在这五年间，学生从以自我为中心的角色体验到以我们为中心的角色体验，到以老师为中心的角色体验，再到以第三方为中心的角色体验。那么，其育人价值何在呢？（见下页表）

阶段	观测点的角色体验	思维方式
第一阶段	以自我为观测中心	我怎么认为
第二阶段	以我们为观测中心	我们怎么认为
第三阶段	以老师（对方）为观测中心	老师（对方）怎么认为
第四阶段	从第三方以 A 为观测中心	旁人怎么认为

所谓育人，本质上是教人如何做人做事。在做人做事中，关键要学会思考，从不同的角度进行思考。（见下表）

思维方式	育人意义	品质
我怎么认为	自我觉知	个人
我们怎么认为	团队觉知	集体
老师（对方）怎么认为	同理觉知	同理心
旁人怎么认为	舆论觉知	反省

好了，什么是育人？人怎么育？比如我们要培养孩子具有同理心，关键是培养他们怎么从对方角度出发思考问题的思维方式。没有这种思维方式的经历，同理心永远只是一个概念。

试想，综观小学所有学科，有哪个学科像数学一样，一直组织学生经历"我—我们—对方—第三方"这样完整的角色体验与思维方式的改变过程呢？我想，只有数学。

当下社会中的巨婴症是怎么来的？因为他的思维点永远在"我"，从来没有过"去我"的经历。

当下社会中的戾气为何时不时地会冒出来？因为他的思维中只有"我"，没有对方，没有第三方。

如果每个孩子的思维方式，都能在"我""我们""对方"和"第三方"之间自由往返，那么每个孩子就会成长得比较理性、平和而有力量。

结语

为什么要写这篇文章？因为我们在教数学的过程中，只关注知识，即用什么工具来确定位置，而忽视了谁来确定谁的位置的角色体验。而这也是小学数学独特的育人价值。

学生的问题为何越来越少?

我想从一个例子讲起。

关于笔算除法的课,我们通常是采用直接告知的方式来学习的。比如 $15÷3=5$,老师会说:"小朋友,它的竖式怎样写呢? 它的竖式这样写:

$$\begin{array}{r} 5 \\ 3\overline{)15} \\ 15 \\ \hline 0 \end{array}$$

"被除数除以除数等于 5,这个 5 对不对呢? 我们就要验证一下,$3×5=15$,15 和 15 相减等于 0,就说明对了。所以这一个是被除数,这一个是除数,这一个是 5;这个 15 是怎么来的呢? 是除数乘 5 得来的;这一个叫余数……"我们就是通过这样的讲解,在二年级学习表内除法的时候,把这样的竖式教给了学生。

在学会这个例题后,我们会安排一些练习。练习是这样的:

练习一   练习二

$$\begin{array}{r} □ \\ 3\overline{)1\ 5} \\ □□ \\ \hline □ \end{array}$$ $$3\overline{)15}$$

先用练习一这样的方式来让学生填写,然后再用练习二这样的方式让学生自己写,最后让学生独立写。在这一个过程当中,我们把基础知识(被除数除以除数等于 5)、基本技能(学会写、学会独立按格式写、学会算)都掌握到位了。可是,学生在掌握过程中,是有他们的想法的。

学生是怎样想的呢？

因为：   所以：

$$
\begin{array}{r}
15 \\
+\ 3 \\
\hline
18
\end{array}
\qquad
\begin{array}{r}
15 \\
-\ 3 \\
\hline
12
\end{array}
\qquad
\begin{array}{r}
15 \\
\times\ 3 \\
\hline
45
\end{array}
\qquad\longrightarrow\qquad
\begin{array}{r}
15 \\
\div\ 3 \\
\hline
5
\end{array}
$$

从学生的角度看，这当然是正确的。那么，学生这样想了之后，会得到什么结果呢？当然是错，是订正。

当学生的想法（A）和老师教的方法（B）之间发生错位时，学生自然会产生问题：为什么是这样（B）而不是这样（A）？（见下面两个竖式。）

$$
\begin{array}{r}
15 \\
\div\ 3 \\
\hline
5
\end{array}
\qquad\qquad
\begin{array}{r}
5 \\
3\,\overline{)\,15} \\
15 \\
\hline
0
\end{array}
$$

（A）   （B）

有这样的想法并产生这样的问题，普遍吗？

我在第四届中国小学数学教育峰会上执教这节课时，问了现场 42 位三年级的小朋友，大家在二年级的时候，这样想过的有几个？调查统计，有 40 位小朋友表示是这样想过的，有 2 位小朋友表示没有这样想过。

我现场问 2 位没有想过的小朋友，为什么不像大多数同学那样想？这 2 位小朋友说："有什么好想的，反正老师教了就学习就好了。"

所以大家发现没有，这 2 位小朋友的信念就是：有什么好想的，老师教后去学就可以了。

老师们，这 2 位小朋友的学习已经是典型的记忆学习了。他们已经不想了。

接着，我问这 40 位小朋友："你们这么想过之后，有没有问过老师，为什么不这样写，而要那样写？"

40 位小朋友都说没有问过。

我问大家为什么不问呢？

有小朋友说："没有什么好问的。"

我追问："你为什么觉得没有什么好问的呢？"

有小朋友说不敢问，因为老师要骂的。

还有小朋友说可能老师自己也搞不清为什么要这样而不要那样。

现在我们设想一下，如果学生问老师这个问题，估计老师会有以下三种理答策略。

策略一：小朋友，这是规定。知道吗？规定是不讲为什么的。但你爱思考的习惯要表扬。

（这是一种最简单的回答，这样的回答多了，数学在小朋友眼里，就是一个没有温度的怪物了。此种理答策略可概括为"震"字诀。）

策略二：你这样写也是可以的，但是如果将来有余数你写在哪里？将来……

（这种理答是用学生对将来的未知换取对当下的认可。事实上，学生今天发生的问题，应该用今天以前的素材来解决，这种解决才是可理解的。而我们在理答的时候，经常用学生未经历即今天以后的素材来解决，这种解决不是理解，而是屈服。此种理答策略可概括为"吓"字诀。）

策略三：小朋友，你真会动脑子，我们下课后再研究好不好？你去请教一下，我也去请教一下。

（这种理答策略可概括为"拖"字诀。）

老师们，这三种理答方式经历多了，学生也就明白了，所以他们才会说问了也白问；所以他们才会说怕，老师要骂。

有这样的经历久了，学生还会问吗？长久不问，还会产生问题吗？

若干年后，那 40 位想了的小朋友会不会终究成为不想的小朋友呢？

曾经教过很多遍笔算除法，每一批学生都会出现如上述 A 的错误。可见这种想法实在普遍。在跟学生解释理由时，我通常都会以规定来阐述。可是，有一次一位学生喊了一句："规定也要讲道理啊！"这一声喊，终于让我明白，我们的数学缺在哪里。

竖式除法（如 B）的写法规定有道理吗？如果有道理，那么，道理在哪里？难道数学规定都是不讲道理的吗？

学生认为，老师或者书上提供的样式比较复杂，干吗要有两个 15 呢？为什么不和加法、减法、乘法一样呢？

那么，除法竖式到底应该怎么教呢？我觉得可以这样教。

环节一：展现学生想法，形成讨论基础

（1）呈现问题：除法竖式，应该怎样写？

学生通常会呈现上面提到的 A 和 B 两种样式。

A 来源于学生对加减乘竖式格式的迁移。B 来源于学生课前的自学。

（2）比较分析：如果这两种写法都对，你喜欢哪一种写法？

学生都喜欢 A，因为 A 简单，跟加减乘一样，容易掌握。学生认为 B 比较烦，有两个 15。

环节二：展现思考冲突，引领深度思考

（1）呈现问题：既然我们都认为 A 比较好，为什么书上会选用 B 呢？

这个问题是学生最困惑的核心问题，学生开始发呆。

（2）引领思考：在四种运算中，除法最特别，那么，这种特别会不会是因为除法这种运算的缘故呢？

这个问题充分体现了教师教学的引领作用，给学生的思考提供了一个方向。

环节三：重温除法意义，体验运算记录

（1）呈现问题：15÷3 表示什么意义呢？表示把 15 平均分成 3 份，每份是几个。

（2）师生操作：教师拿来 15 个水果，请学生分到 3 个盘子中，每个盘子分到几个？

操作整理：老师拿来 15 个水果，学生分掉 15 个水果，老师剩下

0 个。

老师的 15 是 1 个 15，学生的 15 是 3 个 5——两个 15 是有区别的。

（3）问题讨论：同学们，根据这个过程，你觉得两种竖式写法，哪一种比较合理？学生认为 B 比较合理。为什么呢？因为它比较好地记录了除法意义的过程。

环节四：形成结论，体会成长乐趣

呈现问题：同学们，我们开始都认为 A 比较合理，现在我们都认为 B 比较合理了，能谈谈你的想法吗？

前面我们先后呈现了教师的两种教法。第一种方法，教师直接告知除法竖式的写法，通过练习强化技能的掌握。这样的课堂效率比较高，基本排除了学生的想法，我们把这种课称为知识课。第二种方法，教师先呈现学生的想法，让学生在比较中体验竖式对运算的记录意义，从而理解并掌握了除法竖式。基于学生的想法并提升学生的想法，我们把这样的课称为种子课。

从时间使用来看，第一种方法基本上 10 分钟左右即可完成教学任务，剩下时间可以用来做很多题目进行巩固。第二种方法基本上需要 40 分钟来完成教学任务，练习时间就十分有限了。表面来看，种子课的特点就是特别慢。

从学生的课堂体验来看，第一种方法因为将学生的想法排除在外，所以久而久之，学生就会形成这样的态度：有什么好想的，记牢就好了。第二种方法因为从学生的想法开始，到发现想法的不足，再到接受一种更为合理的想法，所以学生会自然地进行思考并学会反思自己思考的合理性。

数学是思维的体操，如果学生认为有什么好想的，数学还是数学吗？

所以，种子课的慢其实不是慢，是数学的本质。而平常我们上课的快不是快，是省略了数学内涵。种子课的慢，是为了将来的快。而平常我们上得快，可能将来会慢。

课改，因何而改？

——以"线的认识"为例

我们要课改，因为学生课业负担重，因为学生不喜欢数学学习。这是非常正确的。

在着手进行课改之前，我们应该先想明白，我们的课堂常态是什么？这种常态的问题在哪里？这个问题的解决方式在哪里？……只有把这些问题想明白了，我们的课改才能走在正确的路上。否则，今日课改的成果就会成为明日课改的对象，明日课改的成果又会成为后天课改的对象……。每次课改都从一无是处开始。如此课改，终有一天会引得人们对课改厌倦及麻木。

在此，我想以小学数学四年级"线的认识"为例来讨论一下，我们需要什么样的课改。

"线的认识"，我们通常是这样上的

在小学二年级时，学生已经认识了线段，所以线段便成为"线的认识"的基础。

师：同学们，我们已经认识了线段（指着线段）。现在我们把线段的一端无限延长（边讲边画），就得到了一条射线。它的特征是无限长，只有一个端点。

（呈现定义。）

师：同学们，这种射线在生活中见到过吗？

（举例：手电筒，射灯，阳光。）

这种教学基本呈现如下结构：

①定义———→例子（射线）。

②定义———→例子（直线）。

③线段、射线、直线的特征比较。

④练习：基本练习———→变式练习———→拓展练习———→综合练习。

这种课型上到极致就是精讲多练。教师的专业发展就体现在如何讲得更精，如何练得更全面。这样课堂效率较高，在目前的学校里，特别是在非展示课的前提下，基本上是这种样式的。

这种样式的问题在哪里？

目前基本的认识是，这种样式使得学生缺乏自主性，学生的任务就是听、就是做，是被动的。

课改的任务是让学生从被动变为主动，主动的学习就是自主学习，就是生本课堂，就有了目前的许多课改。

在课改的引领下，新的上课方式可谓层出不穷，大有你方唱罢我登场之势。我们对每一种探索都充满敬意，但敬意不表示不可讨论。

学案导学，变被动为主动了吗？

下面是一份"线的认识"学案。这份学案是否是学案中之优秀者暂且不论，我们只将它作为学案来讨论。

> 1. 什么是射线？射线有什么特点？
>
> 2. 什么是直线？直线有什么特点？
>
> 3. 判断下列各题是否正确。
> ①一条直线长 15 米。（　　　　）
> ②两条射线等于一条直线。（　　　　）

学案导学的基本步骤，大概是这样的。（见下页表）

课前	A. 老师将特制的学案发给学生 B. 学生根据学案去学习指定内容 C. 完成学案中提供的要求
课中	A. 小组讨论 B. 代表汇报 C. 问题讨论 D. 作业布置
课后	A. 进行学习评价 B. 开展学习帮助

学案导学，我们暂且略去对形式的讨论，其根本的变化为两个：

1. 变听老师说为看书本说；

2. 变听老师说为听同学说。

学生说的话来自哪里？来自对书本中语言的识记或重复。书本，为什么需要讲解？

打个比方，我们成人自己去读《道德经》，和听某位有修养的先生讲《道德经》，一样吗？四年级的小学生去读射线与直线的相关内容，和听一位专业的数学老师讲射线和直线，一样吗？

显然，讲解会生动、有趣，易理解。

还有，小学生从一出生就开始听，"听明白"这回事，他们学习了近十年。而"读明白"这回事，则只不过才学习了三年左右。读可以，至于明白，是要时间的。我们是否思考过，学生是喜欢听明白，还是喜欢读明白？

翻转微课，变被动为主动了吗？

现在网络发达了，视频越来越多，从国外的可汗学院传回来翻转课堂。它的基本流程是这样的。（见下页表）

课前	A. 老师制作（或提供）讲课视频 B. 要求学生用视频学习 C. 根据学习完成作业
课中	A. 反馈作业 B. 讨论学生问题 C. 进一步做作业
课后	A. 进行学习评价 B. 开展个别辅导

翻转课堂，变化主要有两项：

1. 变课后作业为课前作业；

2. 变一次听讲为多次听讲。

当然，课中的大多数情形与学案导学基本是类似的，许多教室为方便更多学生来讲解，会装有更多块黑板。

透过这些新鲜的不同，我们不难发现：其本质依然是听老师讲，依然是先定义再举例然后练习啊！

难道在教室听是被动学习，回家听就成主动学习了？况且回家听也是老师布置的，因为第二天老师课上要检查。如果老师不检查，学生会去听吗？

从定义到举例，问题到底在哪里？

有一次听一节"线的认识"公开课，课上有这么一段对话。

师：（画一条线段）我们把线段的一端无限延长（边画边讲），就得到了一条射线。

师：同学们，在我们的生活中，你看到过这些射线吗？

学生无反应。

（听课时颇感奇怪，因为在其他课上，学生们大多会喊手电筒之类的事物。）

师：同学们没有想起来。请看大屏幕。

（大屏幕上呈现一张城市的夜空图——多盏射灯交错成五彩的夜空。）

学生仍无反应。

师：（手指比画着那些光柱）看到了吗？看到射线了吗？

师：（指一名学生）你看到了吗？

生：不对啊，射线是一样粗的，你的那些是一头细一头粗的。

（言下之意，如果无限的话，粗的那一头会无限大。）

（显然，这个回答可能是老师从来没想到过的。但是他很快镇定下来，接着从口袋里摸出一个小小的激光发射器。）

师：好，请大家看（打亮了激光发射器，并向窗外射去），这是射线吗？

学生无反应。

师：同学们，这条可是一样粗细的哦。

生：（举手了）可是这条有两个端点啊。

师：在哪里？

生：一个在您的手上，另一个点虽然看不见，但一定在后面那幢楼的墙壁上。

师：（吓了一跳，启发道）那如果老师把房子移走了呢？统统移走了呢？

生：那也在啊，您可以移走所有的房子，但您移不走那座山，这个点一定在山上啊。

师：……

我们看到这段对话，可以感受到学生和老师一直在纠结。老师为帮助学生深刻理解定义，去找生活中的原型，而生活中却不存在这样的原型。这种对纠结的展示很偶然地是在一节公开课上，如果不是公开课，估计学生也不敢如此真实地放肆。

但在平常的数学课上，学生认可手电筒发出的光柱是射线，并非表示他们没有上述想法，只是不想惹老师生气，老师说是，那就是吧。这种认可，久而久之，会让学生不再对知识的合理性进行思考，只要是老师说的，那就记住好了。而这种心态的形成使得孩子们的数学悬浮在他们的生活之上，数学则注定会在学生之中失去魅力。

我们设想一下，大学生来学习"射线"，定义与例子之间一定是无碍的；中学生来学习"射线"，定义和例子之间是有鸿沟的。这种鸿沟正是儿童学习数学与成人学习数学的差别所在。

因此，我们数学教学的问题，本质上是我们按成人的学习方式组织儿童的学习，不论这种学习用上什么工具、套上什么外衣，都无法掩盖这个事实。

定义是人类对该定义对象的认识的最高成果，而书本中选用的定义又通常是若干种定义中我们成人认为最合理的一种。小学生面对这一成果，因为无法理解，所以唯一的办法便是记住，而记住的最好办法便是重复（背诵或抄写）。因为重复是记忆之母，而重复也是负担之母，也是导致学生失去兴趣的原因之一。

儿童数学：从可见的真实生活开始

如果学习不从定义开始，那么如何从可见的真实生活开始呢？我们看下面的课例。

环节一：线的属性

师：同学们，我们通常会用哪些词来描述一条线啊？

生：曲直、粗细、长短。

形成板书：

　　　　曲直

线　　　粗细

　　　　长短

讨论：线有曲直吗？线有粗细吗？线有长短吗？

限于篇幅，这里省去讨论过程，最后得出线无曲直，线无粗细，线有长短，从而将长短明确为线的属性。在此讨论过程中，学生充满了惊诧，因为在生活中一直说线有粗细，从而把线的经验中的非本质属性去除，留下经验中的本质属性。

环节二：线的类型

讨论一：

师：我们找到一条线，再找一条比它长的线，更长的呢？

生：再长就不知道了，因为都看不到头。

形成板书：

(1) 能看到两个线头的线；

(2) 能看到一个线头的线；

(3) 看不到线头的线（看到零个线头的线）。

讨论二：

师：你能把这三种线画成图吗？

生：能（画图）。

环节三：线的命名

师：这样的线是线段，这样的线是射线，这样的线是直线。这个线头在数学上被称为端点。（板书如下）

线段

射线

直线

环节四（略）

这个过程，没有学生阅读，没有小组讨论，没有学案，没有视频，甚至没有用任何现代教育手段。但整个过程中，学生充满了惊诧，充满了热情，而且始终没有出现定义。

这个版本，把对"无限"的讨论替换为对"看不到头"的讨论。因为"看不到头"是一种真实的生活体验。

什么是主动？他愿意、他乐意，便是主动。

从儿童出发，是课改的标准

我们社会曾经讨论过实践是检验真理的唯一标准。其实在目前课改如潮的情况下，检验课改真伪的标准便是是否从儿童出发。

目前，我们擅长的教学是从知识出发到知识，这种教学是最方便最简单的。对于成人而言，因为有理性的认识，或出于对学历的需求，会耐着性子刻苦学习。但儿童不知道学这些知识有什么用，他们对学历也没有需求，他们无法用理性克制自己。于是，儿童的数学学习就需要用上纪律，用上小红花等种种诱惑了。

但如果我们能够认识到，儿童与成人的数学学习的差别，从儿童真实可见的经验理解入手，学生则会十分乐意参与，并在参与的过程中慢慢地、慢慢地……使之突然变成了数学理解。他们会觉得数学是十分有意思的，不需要理性去控制的，因为数学学习的过程本身具有吸引力。

当然，不是每节课都这样，而事实上，学生们也不需要每节课都这样。

我们的课改为什么老是在形式上"打转转"？因为我们没有这份静心去研究儿童是如何学习数学的。

教学目标，我们如何把握？

干所有事情，都要先明白我要干什么，上课亦如此。在我们走进课堂前，要先明白我们去干什么，即所谓教学目标。教学目标，是教学活动的指向。教学目标的达成水平，即教学活动所付出时间的价值所在。

但现在的问题是，一线的小学数学教师一讲到教学目标，便一脸困惑，不知所措，然后一头钻进课堂开始教书。这种尴尬现状的改变，真的应该受到重视。

梳理：关于教学目标的经历

我是 1986 年参加工作，即教小学数学的。当时的教学目标被称为"双基"，即基础知识、基本技能。

因为那时候年少，我在写教案时，发现自己老是分不清哪些算基础知识，哪些算基本技能。后来有一位老教师告诉我，要知道的是知识，要做到的是技能。比如："末位对齐，也就是把相同数位对齐，从个位加起"，知道了，它便是知识；用这个知识做正确了，就形成技能了。所以，在我的概念中，技能算是能力了。

后来，我慢慢体悟到，基础知识可以用"知道""了解""理解"这些词来描述，基本技能可以用"会""熟练掌握"这些词来描述。目标明确了，接下来的任务是如何让学生们很有意思地知道，如何让学生们很有趣味地让技能变得熟练。

有意思与有趣味，是取决于教师用什么材料、按什么顺序来展开教学的。于是，教案就写好了，上课也就有蓝本了，便一直这样上课了。

到了 2000 年左右，开始新课程改革了。听专家介绍，"双基"教学目标是不对的。"双基"落实了，只是高分，却"低能"了。如何改变"高分低能"的局面？要改革。改革的显著之处在于要将"双基"目标改为"三维"目标。

"三维"目标表述为：知识与技能，过程与方法，情感态度与价值观。

我觉得非常有道理。当时有个著名的"冰山模型"：知识与技能是显性知识，过程与方法、情感态度与价值观是隐性知识。只有显性知识而没有隐性知识，教学是不能持续发展的。

于是，我努力地将自己的教学目标调整为"三维"目标。可是，从此我发现写教案的时候，我已经不会写教学目标了。因为我发现每节课都有特定的基础知识、基本技能，却很难区分出每节课的思想方法。当思想方法成为教学目标的时候，发现上节课也这样，下节课也这样。更痛苦的是情感态度与价值观，实在不知道这节课的情感态度与价值观同上节课的有何不同。

对教学目标的把握变得如此困难，我个人一直认为是自己水平低，于是去看了很多书；实在不行，就抄教学参考书上的教学目标。抄多了，发现教学参考书上的教学目标的表述其实也是十分混乱的，例子就不举了。

就这样迷茫了，于迷茫中努力教学。

到 2010 年，好像又修改了，"三维"目标还是不合适的。作为一个在一线的数学老师，我很认真地接受新的"四基"目标，即基础知识、基本技能、基本思想、基本活动经验。

让我抓狂的是基本活动经验，幸好许多杂志上也随之有了一些关于基本活动经验的论述，这里也不引用了。我不是理论专家，我是一个一线的小学教师，我需要的是课堂落实。

我把我的困惑讲给身边共事的老师们，他们都笑了，说："难怪你头上不长毛了，我们都是比赛的时候想一想。不过，如果真比赛了，也不用我们想，你们这些专家会帮我们想好的。"

老师们看我仍一脸困惑的样子，告诉我："教书啊，别想那么多，考得起分数就好了。"

2016 年，我在一个全国性的小学数学研讨活动中上了一堂复习课，课上完后，大会安排了专门的研讨时间。因为从 2016 年开始，"四基"目标好像又不大重要了，代之以"小学数学核心素养"。因此，研讨环节中，有位专家问我："你这节课中，培养了什么核心素养？"

我当时就被问蒙了，哪些核心素养是我的教学目标？这些目标达成的水平如何？尽管课上成功了，大家也认为上得挺成功的，但面对这个问题，我真的不知从何说起。

困惑：我们在干什么？

我以一个小学数学老师的经历，体验到教学目标是如此重要，可我们却如此迷茫。在此过程中，我们却从未停止过数学教学。那么，我们的数学教学是清晰的吗？

一个目标都未能清晰的数学老师，走进数学课堂去教孩子们的数学，所教的数学清晰吗？

事实上，老师们是很清晰的——清晰在考什么就教什么，分数是硬道理。

这种迷茫与清晰，就交织在每一个小学数学老师的心头。有时会有负罪感，可也没办法，于是就会麻木。当这种麻木成为普遍，小学数学教学便成了说一套做一套的"双层记"了。

"双基"目标有问题，这个判断是成立的。我们需要改革，是必须的。但是，改革必须是能够操作的。不论"三维""四基"还是"核心素养"都无比正确，但正确若不能操作或不便操作或难以操作，那么便永远改变不了不够正确的现实。

所以，我们在思考存在的问题时，除了思考正确的、理想的之外，更要思考它们怎么可以方便大家操作。

思考：显性知识与隐性知识

知识可分为显性知识与隐性知识，这无疑是正确的。显性知识是可看、可触摸、可测量的，我们把它分为知识与技能。隐性知识是思想、是方法、是经验、是情感、是价值观等，却是不可看、不可触摸、不可测量但可感受的存在。是否有独立于隐性知识的显性知识？是否有独立于显性知识的隐性知识？

我想举个例子来讨论。世界上有种味道叫"甜"。我们能否将"甜"作为一个标的物给我们的学生呢？我们是怎么样把"甜"传递给孩子们的呢？

显然，我们可以把白糖、红糖、蜂蜜、甘蔗等东西给孩子们，孩子们在这些东西中获得了我们想要给他们的"甜"。

白糖、红糖、蜂蜜、甘蔗等物品，是可看、可触摸、可测量的，可否将这些有形之物视为"显性知识"？这些有形之物所蕴含的味是否可视为"隐性知识"？因为它不可触摸，却可感受。

若这个比方成立，那么，我们是否可以这样认为：

1. 显性知识与隐性知识是不可分离的。（没有甜味的甘蔗就不是甘蔗了。）

2. 在对显性知识的传递中同时也完成了对隐性知识的传递。（给了甘蔗就给了甜。）

3. 隐性知识是无法独立于显性知识而传递的。（甜无法独立于甘蔗等物而给。）

若以上认识成立，那么，有没有吃了甘蔗却没吃到甜的情况发生呢？我想人在正常的情况下，如果吃了甘蔗而没吃到甜，那最大可能是他"吞吃"了，没有咀嚼。

因此，若一个人吃了甘蔗而没有得到甜，我们不要去怀疑甘蔗本身，而应该去改善吃甘蔗的方式，变"吞吃"为"嚼吃"。

这句话的另一种说法是，当我们给了孩子"双基"的时候，发现孩子没有得到相应的"味道"，我们不要马上去把"双基"变成"三基""四基",而应该去改善给"双基"的方式。

第一课时吃白糖,第二课时吃红糖,第三课时吃蜂蜜,第四课时吃甘蔗,每节课都不一样,但每节课都得到了"甜"。对人体真正产生滋养的不是白糖、红糖、蜂蜜、甘蔗,而是那一味"甜",即"五味"之"甘"。滋养人生的只是"五味"而已。

讨论：课程目标与课时目标

在一个相当长的时间跨度的追求中,经常有战略目标与战术目标之分。要着眼于战略目标,着手于战术目标。一个战略目标可能被分解为若干个战术目标,战略目标统摄各个战术目标,各个战术目标服务于战略目标。

学生的成长自然是一个有相当长时间跨度的追求。

我们可否这样认为：

就学生成长的整体而言,我们要完成对他们的核心素养的培养。这是一个战略目标,我们可称之为学校的教育目标。

就学生的数学学习而言,我们要完成对他们的数学思想方法的培养。这个目标相对于前一目标而言,是一个战术目标。而相对于后一个目标而言,则可称为战略目标。我们可称之为数学的课程目标。

数学学习是通过一节课一节课来完成的,每一节课都有具体的基础知识与基本技能。因此,"双基"是数学课程的课时目标。

若这样的认识成立,那么关于教学目标的困惑是否得以清晰,老师们在备课时是否可以理直气壮地去思考"双基"的落实?

探讨：隐性知识如何达成?

一线老师们需要认识,但更需要操作方法,即我怎样做。

隐性知识与显性知识原本是一体的,如同莎士比亚的《威尼斯商人》中所说：割一磅没有血的肉。只要肉割了,血便一定蕴于其中。如同吃了甘蔗,甜一定寓于其中。这是常态。

我们要做的事是别让"吞吃"发生。不让"吞吃"发生,就要让大家知道，正常的吃是怎么吃，正常的吃有什么好处，而不是只管吃了多少甘蔗。

显性知识是可以通过读、背来记住的。隐性知识是需要通过经历来体验的。

若显性知识只以读、背方式获得，即等同于"吞吃"。若显性知识通过经历的体验来获得，即我们说的"嚼吃"，有甜味，或者说有数学味，那这个可感的数学味即我们说的隐性知识。

我们以"厘米的认识"为例（见下表）：

目标	着眼处：显性知识→	知识点→认识厘米，用 cm 表示，建立厘米的表象 技能点→用厘米表示物体的长度（度量）
途径	着手处：隐性知识→体验点→比较物与标准比较物	

要于对隐性知识的体验中完成对显性知识的学习。

材料：填空（让张三和李四站到前面）。

张三比李四高＿＿＿＿＿＿。

收集：张三比李四高＿一点点＿ ⎫
　　　高＿＿很多＿＿ ⎬ 人最初的比较语言，模糊

　　　高＿半个头＿ ⎫
　　　高＿一把尺＿ ⎬ 有比较物了

　　　高＿15厘米＿ ⎫
　　　高＿＿2米＿＿ ⎬ 听来的，非正规学习而得

讨论：这么多不同的说法，你喜欢哪种说法？

"厘米的认识"就在这份素材的讨论中展开了。这个展开的过程蕴含着学生的思考、情感、经验等。

通常学生们在课时初始，会喜欢半个头、一把尺的说法。为什么呢？因为它们要比"一点点、很多"来得具体、明白。这就有了对比较物的理解了。

那么厘米是什么呢？通过学习知道，原来厘米是一个规定的长度。

15 厘米比半个头、一把尺更精确，这就有了标准比较物了。

什么是单位？对于这种无法跟小学生讲明白的东西，可以让他们在体验中完成自己的理解。而正是这样的理解，使得他们对厘米的认识有了厚度。

我们再按照这个思路，对厘米和分米、毫米以及米的认识做一下整体说明。（见下表）

类别 ＼ 课例		厘米的认识	分米、毫米的认识	米的认识
教学目标 （显性知识）	知识点	知道厘米，建立表象，用 cm 表示	知道分米、毫米并建立表象： 1 分米 = 10 厘米 1 厘米 = 10 毫米	知道米，并建立表象： 1 米 = 10 分米
	技能点	用厘米来测量，表示长度	用分米、厘米来测量、表示	用来测量，表示长度
教学流程 （隐性知识）	体验点	从比较物到标准比较物	标准比较物与测量对象间的适宜性	往更大与更小的方向去规定标准比较物

从上表中我们可以发现：就教学目标而言，三节课的基础知识与基本技能十分相似，完成迁移即可。但从体验点的角度来看，三节课是完全不同的。三个体验点构成了一个完整的关于单位的数学理解。这种数学理解是无法测试的，但会成为学生对数学学习的乐趣，会成为他们真正的数学能力。

好了，如果以上想法成立，那么，我们教学改革的重点不是去研究教学目标表示为几个"基"，而是去研究每一节课的体验点分别在哪里，如何展开体验性学习，让老师们实实在在地展开教学。

相信我们的老师们都会乐意的。

新授课，如何把握教学设计？

在数学课堂教学实践中，教师们发现新授课的过程往往是从某一情境开始，最后回到生活问题中，这几乎成了一个模式。可是，在实际的教学过程中，教师们经常感到有的学习情境使教学变得费时费力，因此，就有了这样的疑惑：是不是所有学习都得从情境开始，再回到生活问题中去？如果不是，那么，到底该如何来把握呢？

数学课程标准曾对数学这一概念做了如下描述：

数学是人们对客观世界定性把握和定量刻画、逐渐抽象概括、形成方法和理论，并进行广泛应用的过程。[①]

因此，我们认为小学生的数学学习概而言之都可以描述为一个从对客观世界的把握、刻画开始，通过对方法和规律的整理，去解决实际问题的过程。分而言之，小学生的数学学习有三种基本样式，即对客观世界定性把握与定量刻画的学习，逐渐抽象概括、形成方法和理论的学习，进行广泛应用的学习。下面对这三种学习的基本样式进行陈述。

关于对客观世界定性把握与定量刻画的学习

第一种学习样式是对客观世界定性把握与定量刻画的学习。比如

---

① 中华人民共和国教育部. 全日制义务教育数学课程标准：实验稿［M］. 北京：北京师范大学出版社，2001：1.

"厘米的认识"属于定量刻画，"分数的意义"则属于定性把握，因此，平常所说的概念课、起始课都是这种样式。它的特点是从纯粹的经验到纯粹的数学，经验需要用情境来激活，因此，这种学习样式可以描述为这样一个过程：

创设情境，激活经验→改造经验，形成概念→辨析概念，使概念科学化。

这个过程展现的是一个数学化的过程，经验的改造是这种学习样式的根本所在。下面以"分数的初步认识"为例，来讨论这种基本样式的课堂把握。

小时候，我们学习分数，总是要背分数的意义：把单位"1"平均分成若干份，表示这样一份或几份的数叫分数。分数的意义是背下来的，基本上背得滚瓜烂熟。我们学数学，也沿用语文的路径：熟读百遍，其义自见。

这可能是加重学生数学学习负担的原因所在。

真正的理解，即所谓的深度学习，用皮亚杰的理论来说，是用内在图式同化的结果。图式这个词很难理解，通俗点说，学生的深度理解是一个用他们的"明白"来明白数学的"明白"的过程。

这句话似乎很拗口，一连三个"明白"。

第一个"明白"，是孩子们在生命成长过程中获得的"明白"，即所谓的经验。

第三个"明白"，是数学知识和技能或思考方式，即所谓的教学目标。

中间的第二个"明白"，是一个动词，即所谓的理解或改造。

以"分数的初步认识"为例，对学生的明白，即经验层面的明白，二、三年级的每一位学生都会回答以下问题：

半个饼是怎么得到的？

如果说回答有差别的话，可能只是语言的不同：

"把一个饼分成两半，就得到半个饼。"

"把一个饼中间切一刀，就得到半个饼。"

分成两半也好，中间切一刀也好，用词不同而已。一个用"两半"，一个用"中间"，这就是学生的"明白"，即经验。这是不用我们老师教的，是孩子们在生活中活着活着就明白的东西。而这个东西，是分数的根之所在。

再问一个二、三年级学生都会回答的问题：

中间切一刀，分两半，用我们数学的话怎么说？

学生会说：平均分。

这个"明白"是在二年级认识平均分的时候完成的。这样的结果，表明学生那个生活的语言开始变成数学的语言了。

把一个饼平分成两块，一块是半个。——这种改造是自然而然的，不用教的，更不用死记硬背的。但这只是完成改造的第一步：是把学生的生活常识表述为结构化的语言，再改造为规范的语言。接着继续改造：进行符号化改造。

符号化之一：把"平均分成"这四个字用一条短线来表示。

符号化之二：两块用 2 表示。

符号化之三：一块用 1 表示。

把这三个符号结构化：$\frac{1}{2}$。

结构化的结果即：半个，用 $\frac{1}{2}$ 表示。

在生活中，我们把平均分成两份称为二分法；同样，把平均分成三份称为三分法；以此类推。所以，分数 $\frac{1}{2}$ 的读法也十分顺其自然：二分之一。

至此，对一个分数的认识便完成了。$\frac{1}{2}$ 的意义是基于"半个饼是怎么得到的？"，因此分数的意义也就不用背了。

关于逐渐抽象概括、形成方法和理论的学习

第二种基本的学习样式是逐渐抽象概括、形成方法和理论的学习。比如运算定律、计算方法和性质等，都是这类学习。它的特征是从纯粹

的数学到纯粹的数学，因为是逐渐抽象概括，因此，具有从简单到复杂和包含探究、发现等学习活动的特征。这种学习样式可以描述为这样一个过程：

复习、形成材料→观察分析（材料）→形成假设→验证假设→形成结论→应用结论→形成技能。

这个过程展现的是一个形式化的演绎过程，材料的发现与技能的形成是这类学习的根本所在。下面以"商不变性质"为例，来讨论这种基本样式的课堂把握。

案例

教学实录　商不变性质

师：同学们，我们来完成一个口算练习。

（学生做，集体批改，教师评价。）

师：同学们，在做这些口算题的时候，你有没有特别的感觉？

生1：这些题目都是除法算式。

生2：这些题目的数字都比较简单。

生3：发现有一些题目虽然算式不同，但结果却是一样的。

师：很好，老师从中选出一道算式（板书）$48 \div 6 = 8$，你能写出一个算式不同而商是8的等式吗？

【环节意图：在复习除法运算中，形成一份供学生感知的材料，从而感受商一样而算式不同的情况。】

生4：$96 \div 12 = 8$。

生5：$24 \div 3 = 8$。

师：好的，同学们都很厉害。下面请你拿出纸和笔，我们来比一比，看看一分钟的时间谁能写出更多算式。

（学生练习一分钟。）

师：最多的写了几个这样的算式？汇报一下。

生6：6个。

生7：11个。

师：好。同学们，我们分小组交流一下，为什么有的同学写的特别快，他们有什么秘诀吗？

（学生讨论。）

师：我们请部分同学代表来阐述写得快的理由或办法。

生8：把48和6同时变大。

师：怎么变？

生8：比如48×3、6×3，这样，结果一样是8。

师：有不同意见吗？

生9：也可以把48和6同时变小，比如24÷3、8÷1。

师：我们同学们在写算式的时候都找到窍门啦！真了不起！找对窍门了就能写得又对又快。哪位同学能够把这个窍门再简单地说一遍？

生10：把被除数和除数同时变大或变小就可以了。

师：哦，有更优秀的说法吗？

生11：被除数和除数同时扩大和缩小。

师：好，好，前面同学说变大变小，你说扩大缩小，你说得更加数学。

师：还有不同说法吗？

生12：被除数、除数同时乘或除以……

师：精彩，还有不同说法吗？

生13：我认为两个数扩大与缩小的倍数是相同的，否则的话，结果就会变掉。

师：大家认为呢？

生：（大多数同学点头）是的。

【环节意图：通过让学生在一分钟内写更多的算式，引导学生发现

规律。在小组讨论中，让学生分享写得快的乐趣，同时整理不成熟的感觉，并在陈述窍门的过程中逐渐让规律明晰起来。】

师：同学们，老师觉得大家很了不起，能够在写类似的算式过程中，发现被除数、除数同时乘或除以一个数，商的大小不变。这多么了不起！现在，我请大家研究一下，哪位同学能够举一个例子，证明我们同学们的发现是错的？

生：……

师：给点时间大家讨论一下。（一会儿后）有同学能举一个例子吗？

生 14：0，同乘 0 以后，除数就变成 0 了。除数不可以为 0 的。

生：对的。

师：哦，这位同学说同乘的数不能是 0，有见地。我们把这个规律称为商不变性质。

【环节意图：完善发现的规律，通过举特例，使学生认识到需对发现的规律进行验证、完善。】

师：同学们，老师很佩服大家在这次学习中所表现出来的勤奋与聪慧，下面我们用我们发现的规律来完成练习题。（略）

【环节意图：熟练地运用商不变性质来改善计算质量。】

上述课堂实录，始终没有情境，教师展现的是思考的过程与技能的熟练过程。现在有许多老师发现学生的计算能力在下降，其原因可能正是将这种学习方式给稀释了的缘故。充分的形式运演是这类学习的特点，在这样的学习方式中，就让这种特点充分地展现出来，不要用所谓的情境、生活问题来稀释，这是十分重要的。

关于进行广泛应用的学习

第三类基本学习样式是"进行广泛应用的学习"。比如学习了分数的加减乘除运算后来学习分数的应用题，比如学习了有余数除法后用余数来解决一些问题。它的特征是从纯粹的数学到具体的生活问题，比如平均数问题，学生须在问题中抽象出模型为（　+　）÷（　　），即总数除以总份数，然后将此模型与已掌握的有括号的四则运算技能相结合，用运算技能来解决这个问题，从而形成关于问题解决的能力。

通常而言，这种学习方式可以描述为如下过程：

温习运算技能→解读问题情境→建立问题模型→列式计算→形成问题解决技能。

下面我们以"用余数解决问题"为例，来讨论从纯粹的数学到具体生活问题的学习样式的课堂把握。

案例

教学实录　用余数解决问题

（学生做有余数除法的计算题。）

师：同学们，我们计算有余数除法的过程中，有什么心得要告诉大家吗？

生：余数要比除数小。

师：我们来做个游戏。老师要在班里选五个助手，他们分别从周一到周五每天轮着做，谁愿意？

（学生举手表示愿意。）

师：我要考察一下，做老师的助手可得有数学脑袋。来，你们五个上来，其他同学帮老师做考官。

（五个学生到前面。）

师：来，今天是周一，你做助手（分别指定了其他四人的时间）。都记牢了吗？

师：从今天开始，第 10 天是谁当我助手？

师：从今天开始，第 8 天是谁当我助手？

师：从今天开始，第 24 天是谁当我助手？

……

师：我想请判断得又对又快的同学说说看，有什么好办法？

生1：×××说，他最快。

师：好的，×××，你是怎么判断的？

生2：我发现拿老师的天数除以7，余数是1就是周一，就是他。我是周四，只要余数是4就是我，就这么简单。

【设计意图：在复习有余数除法的基础上，通过选助手情境，凸显运用有余数除法比逐天推算和查表都方便的优势，体会到有余数除法是怎样帮助我们解决问题的，完成形式运演与情境结构的对接，建立一个解题模型。】

师：同学们太棒了，你能否举个类似的例子？老师先举一个吧。

（出示题目：……第100个气球是什么颜色的？）

【设计意图：泛化，将用余数解决问题的策略在生活中推而广之，从而达到对这类问题的真正理解。】

师：书上有两个问题情境，分别是——

①有32人渡河，每船最多6人。

②这根绳子长19米，剪8米可做一根跳绳。

你提出的问题是什么？有什么不同？

（学生小组讨论。）

生1：问题是分几船和剪几根。

生2：都是有余数的除法。

生3：余下的2人可再租一条船，而余下的3米就没法再做一根跳绳了。

师：同学们真的想得很好，老师很高兴。这两个问题都是我们曾经遇到过的有余数的问题，我们要根据具体情况酌情解决。

【设计意图：让学生熟悉有余数的非规律性问题的解决办法。】

师：我们来做几道练习题。（略）

【设计意图：巩固前面形成的解决策略，形成熟练的用余数解决问题的能力，为小结做铺垫。】

师：同学们，我们现在回到这节课的开始。对这节课的学习，你能做一个简要回顾吗？（略）

【设计意图：整理用有余数的除法解决问题的不同类型。】

为便于说明，对上述实录做了简化。复习的目的是激活一种计算模型，使学生能够比较容易地将生活问题情境抽象为一种形式化的运算模型，同时通过复习，使问题解决过程中因运算而发生的时间损耗降到最低。这样，学生的思维热点始终在关于问题模型的抽象之中，从而对这类问题的理解非常深刻。

这类学习，教师的指导重点首先在于帮助学生在具体问题中抽象出情境结构，并完成与运演形式的对接，形成模型。

比如：$10 \div 7 = 1……3$。这是形式运演，学生掌握的关于有余数除法的技能，通过复习予以激活。

每周 7 天，周一至周五各一人，这是问题的情境结构，通过判断练习逐渐凸显对问题情境结构的感知。当激活了的运演形式与情境结构吻合时，一个关于问题解决的模式便形成了。这对学生而言，是令他拍案的；对教师而言，所谓的教学就是提供两个方面的材料，形成思考热点，并强化两个方面的势，促使其对接。

指导重点的第二方面就是问题情境结构的泛化，也即通常说的举一反三。本课时通过学生举例和教师提供的教材材料，进一步拓展问题的变式，从而使学生从关于"个"的经验推广到"类"的经验，这也是十分重要的。

关于应用的课，以上两个指导重点做到位了，课也就有质量了。

关于三种基本样式的两个观点

【观点一】在教学设计中，要善于坚持基本样式

前面我们通过对数学学习的分析及三种基本样式的例举，提出了我们对新授课的想法。这在目前什么课都讲情境，什么课都谈生活，最后导致"生活不活、数学不数"的情况下，是十分有意义的。

基本样式的建立与坚持，其根本意义在于对知识类型与学生学习方式的坚持。只有坚持，其蕴含的基本思想才能渐渐地为学生所感悟，其所要求的知识技能才能得到扎实巩固，数学的魅力才能清晰地展现在学生面前。下面对三种基本样式的把握做如下比较。

样式一：找到生活经验的原型是要把握的重点

情境创设的目的是帮助学生激活所需的生活经验。就小学数学而言，对于一些需要建立的数学概念，学生在生活中都会有相关经验积累。比如对于分数，学生生活中的经验就是"一半或半个"，与半个相伴而生的是大半个、小半个，这些经验是学生理解分数的基础。因此，情境的创设不是目的，生活经验的激活与改造才是目的。明白了这个，情境就不会滥了。

比如，用字母表示数的生活原型在哪里？我们许多老师在判断情境的时候重点落在字母上，因此会选择一些含有字母的生活现象呈现给学生，比如车牌上的"浙G"。但以此激活生活经验，是不妥当的。我认为在选择经验的时候应重点落在"表示"上。事实上，学生在生活中有许多关于"表示"的经验。比如幼儿园时玩过家家，拍一下手表示钱付过了，大家很开心。因此，我们设计了这样一个情境。

师：同学们，请大家又快又对地画出一只鸡好吗？

生：🐥。

师：同学们，请大家再画一个人好吗？

生：🧍。

师：同学们，下面请画一个"东西"。

生：○。

师：聪明啊，同学们！大家聪明在哪里？

生：……

师：我来小结好吗？我认为同学们聪明在用符号来表示一个不确定的东西。

从做到提炼，这就是一个经验的激活过程；然后从"用符号表示一个不确定的东西"迁移到数学中的"用符号表示一个不确定的数"，这就是我们说的数学理解。只有将这种数学理解植根于经验之中，或只有将生活理解改造成数学理解时，数学学习才是有质量的。

样式二：找准可供思考的材料是要把握的重点

数学思考总是从材料的观察、分析、比较分类中开始的，在观察分类中有所发现、有所判断，然后通过泛化或特例来判断所思考成果的正确性，这是十分重要的。因此，我认为这类学习从情境开始是比较滑稽的。比如对"分数的基本性质"，有的老师从复习分数开始，得出材料，引导学生判断；有的老师从复习商不变性质与分数和除法的关系入手，引导学生对两份材料提出一个关于分数的推测，并进行验证，以形成结论。

这样的学习样式在数学课中是比较普遍的。

样式三：情境的结构化是这类学习要把握的重点

因为前文在样式三的例举中已经表述得比较充分了，并且样式三在目前教学环境下不大会偏。因此，这里就简而述之了。

总而言之，样式一展现的是经验数学化的过程，它源于经验；样式二展现的是数学形式化的过程，它呈现了由此及彼的思维过程与技能的熟练过程；样式三展现的是数学生活化的过程，它呈现的是将生活问题抽象为运演形式以解决问题的过程。

在课堂中坚持了基本样式，该掌握的就能掌握，数学才会深刻扎实；坚持了基本样式，数学就不会不伦不类。

【观点二】在教学设计中，要善于融合其基本样式

我们在坚持基本样式的时候，并不否认基本样式之间的融合。从组合来看，三种基本样式必然衍生其他几种情况：样式一与样式二融合，样式二与样式三融合，三种样式融合。这些都是可以的。

比如"厘米的认识"我们把它按样式一设计，是合理正确的，而"分米的认识"可能就以样式一与样式二融合的样式进行设计比较好。

复习课，如何把握教学设计？

"学而时习之，不亦乐乎！"在孔子先生的教学思想中，学习分为"学"和"习"，学的成果如何，取决于是否能够做到"时习"。如果能够做到不时地温习，学习就能取得好的成果。于是就会有成就感，能够达到"乐"的境界。

按照这样的理解，学校课堂学习的类型应该分为两类：新授课和复习课。而我们现在在教学实践中，则通常分为新授课、练习课和复习课，如果细究起来，练习课其实就是复习课中的一种知识涵盖面较窄、以熟练技能为目的的类型而已。因此，对复习课的研究至关重要。

对复习课的讨论，我的理解是可以分为两类来讨论：一类是以知识掌握为目的的复习课，它的现实意义是指向学习的形成性检测。一类是为体验数学的乐趣，尝试对数学有深度理解而设计的，因为在复习阶段，学生的数学知识储备比较充分，适合开展一些在新授课中无法开展的学习活动。我把第一类复习称为经典复习课，把第二类复习称为拓展复习课。

经典复习课教学设计的三种基本样式

复习的目的主要有三个方面：第一是梳理知识，使知识点系统化、结构化；第二是熟练技能，使学生形成能力，提高正确率；第三是发展思维，让学生在复习过程中体会数学知识的生成。经典复习课典型课例的分析，须围绕上述三个方面的目的进行，作为一节有完整意义的复习课，三个方面的目的往往糅合于同一课时中，不可分割，但某一课时必然以体现某一方面的目的为主要特征。因此，经典复习课的典型课例主要分为三类。

1. 以梳理知识、形成知识系统为主要特征的复习课

案例

教学设计　统计

一、揭示课题，展示目标

要求通过对简单的统计表和统计图复习整理，达到下面的目标：

(1) 掌握统计表和统计图的特点及制作的方法、步骤；

(2) 会对统计表和统计图进行一些简单的分析；

(3) 绘制统计表和统计图时讲究整洁、美观。

二、回忆梳理，构建网络

通过这一单元的学习，掌握了哪些知识？

师生边回忆边板书如下知识：

整理数据
- 统计表
  - 表外：标题、日期、单位说明
  - 表内：表头、纵横栏目、数据
- 统计图
  - 条形统计图
    - 意义：……
    - 分类：单式、复式
    - 制作步骤：a、b、c、d
    - 特点：能清楚地看出数量的多少
  - 折线统计图
    - 意义：……
    - 分类：单式、复式
    - 制作步骤：a、b、c、d
    - 特点：不但表示数量多少，而且表示数量增减变化情况
  - 扇形统计图
    - 意义：……
    - 制作步骤：a、b、c、d
    - 特点：表示各部分同总数间的关系

三、组织记忆，融会贯通

对照黑板上的知识结构图，同桌间相互讨论，边说边记忆。

同时提出问题让学生辨别：条形统计图和折线统计图有什么异同？

经过讨论，使学生明白：条形统计图和折线统计图绘制步骤基本一样，如果连接每个直条的端点，就使条形统计图变成了折线统计图；而沿着折线统计图的各点画出直条，就转变成了条形统计图。

四、练习矫正，形成技能

（一）填空

（1）某机床厂上半年生产情况统计如下表所示：

月份	一	二	三	四	五	六
产量（台）	1800	2000	2400	2200	2800	1900

① 上半年共生产机床（　　　）台。

② 平均每年生产机床（　　　）台，平均每个季度生产机床（　　　）台。

（2）在一幅条形统计图里，用 2 厘米长的直条表示 8 吨，用（　　　）厘米长的直条表示 12 吨。

（3）要反映数量间的增减变化情况，应当绘制（　　　）统计图。

（4）要表示各部分同总数的关系，应当绘制（　　　）统计图。

（5）医院里，要反映病人体温变化情况，应当绘制（　　　）统计图。

（二）分析图表

（1）某机床厂 1996 年上半年生产情况统计如下表所示。

项目 季度　　数量	计划产量（台）	实际产量（台）	完成计划的百分比（%）
合计	8000		
第一季度		4400	
第二季度	4000		108

(2) 某班数学期中测试情况统计如下图所示。

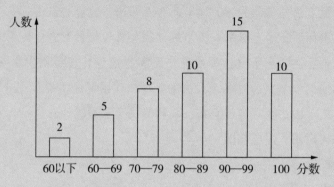

①这是（　　）统计图，它的一个单位长度表示（　　）。

②这个班有（　　）人，分数在（　　）段的人数最多。

③这次考试的及格率是（　　）%。

(3) 虹美电视机厂产值统计如下图所示。

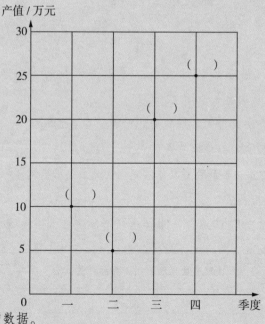

①填表中数据。

②这是（　　）统计图，全年产值（　　）万元。

③产值最少的是（　　）季度，产值最多的是（　　）季度。第四季度比第二季度增产（　　　）。

（4）右图是新华小学本学期植树情况统计图。

①它是（　　）统计图。

②表示种植杨树棵数的扇形圆心角度数是（　　）。

③如果一共植树240棵，求种植多少棵柏树？应列式为（　　　　　）。

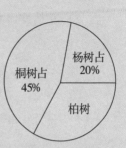

桐树占45%

杨树占20%

柏树

五、课堂小结

六、作业

案例

教学设计　数的整除

一、梳理概念，沟通联系，建立结构

（一）复习"整除、约数、倍数"的概念

（1）观察算式。

$12÷3＝4$，$0.8÷4＝0.2$，$18÷6＝3$，$25÷50＝0.5$。

（2）口答：

①这些算式中，哪些式子的第一个数能被第二个数整除？哪些式子的第一个数能被第二个数除尽？

②什么叫作整除？整除与除尽有怎样的关系？（见右图）

③以"$12÷3＝4$"为例，当12被3整除时，12与3存在着一种什么关系？

除尽

整除

④什么叫约数？什么叫倍数？约数和倍数是在什么前提下产生的？它们的关系怎样？

（3）继续提问并板书。（见右图）

①什么叫公倍数和最小公倍数？

②什么叫公约数和最大公约数？

（二）复习"质数、合数、质因数"的概念

（1）分别写出下面各数的约数。

1 的约数有：（1）；

7 的约数有：（1、7）；

12 的约数有：（1、2、3、4、6、12）。

（2）提问：

①按自然数约数的个数分，有几种情况？

②什么叫质数？什么叫合数？（板书见右图）

③任何一个合数都能写成几个质数相乘的形式吗？（见下面左图）这几个质数与这个合数有什么关系？（见下面右图）

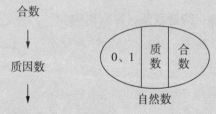

④什么叫作互质数？举例说明。

板书：互质数。

（3）讨论：

质数与质因数有什么相同点和不同点？质数与互质数有什么不同点？

（三）复习"奇数、偶数"的概念

①能被 2、3、5 整除的数有什么特征？

②自然数中，从能否被 2 整除这个角度分类，可以怎样分？

板书见下面左图，投影见下面右图。

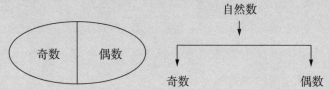

二、应用概念，掌握思路，提高能力

（一）判断正误

（1）24 能被 8 整除。　　　　　　　　　　　　　　　　　　（　　）

（2）a 的最大约数和最小倍数就是 a。（a 是自然数）　　　　（　　）

（3）75 是质数。　　　　　　　　　　　　　　　　　　　　（　　）

（4）4 是 8 的质因数。　　　　　　　　　　　　　　　　　　（　　）

（5）把 12 分解质因数是 2×2×3＝12。　　　　　　　　　　（　　）

（6）9 既是奇数又是合数。　　　　　　　　　　　　　　　　（　　）

（7）105 和 222 是互质数。　　　　　　　　　　　　　　　　（　　）

（8）除 2 以外所有偶数都是合数。　　　　　　　　　　　　（　　）

（9）所有奇数都是质数。　　　　　　　　　　　　　　　　　（　　）

（二）填空，选择正确答案

（1）能被 2、3、5 同时整除的最小三位数是（　　　　）。

A. 30　　　B. 120　　　C. 102

（2）已知三个自然数 a、b、c。a 能被 c 整除，c 能整除 b，那么这三个数的最大公约数一定是（　　　　）。

A. a　　　B. b　　　C. c

（3）如果甲数与乙数是互质数，那么这两个数的最大公约数一定是（　　　　）。

A. 甲　　　B. 乙　　　C. 1　　　D. 它们的乘积

（三）思考题

有两个质数，它们的差是合数，它们的和既是 11 的倍数，又是小于 50 的偶数，你能写出几组符合上面条件的数？

（四）小游戏

师：为了和同学们加强联系，我把家中的电话号码留给你们。我的电话号码是一个六位数。

第一个数字是 10 以内最大的质数；

第二个数字既不是质数，也不是合数；

第三个数字既有约数 3，又是 6 的倍数；

第四个数字既是质数，又是偶数；

第五个数字是最小的自然数；

第六个数字是 10 以内既是合数又是奇数的数。

你知道我的电话号码了吗？请把你的电话号码用今天学过的知识告诉我，好吗？

三、课堂小结

附板书设计。（见下图）

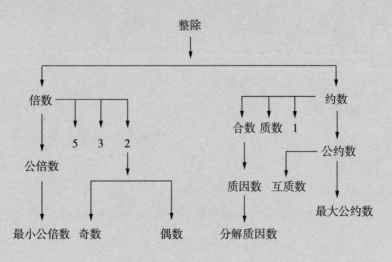

前面两个案例的共同之处在于，针对某一块知识内容进行梳理，形成一个结构化的系统。不同之处在于，案例一先呈现结构，在结构下有重点地复习相关知识内容，呈总分形态；案例二则通过知识点的复习逐步拼装成整体结构的形态。无论是哪一种形态，都在深化知识点的基础上呈现了知识块的结构，从而让学生们体会了知识系统得以建构的思维过程。

2. 以熟练技能、形成技能的系统能力为主要特征的复习课

案 例

教学设计　分数、小数四则混合运算

一、分数、小数四则混合运算

（一）法则

（1）以问答的方式对分数的加减乘除计算法则做一简要的归纳，帮助学生较系统地掌握所学的分数四则计算法则。

（2）教师必须指出以下内容：

①相同的两个数相减得 0，非 0 的两个相同的数相除得 1。

②异分母分数相加减，需先通分再加减。

③分数部分不够减的带分数减法，需将被减数的整数部分减去 1，分子就加上 1 个分母；整数部分减去 2，分子就加上 2 个分母。总之，被减数的整数部分减去几，分子就加上几个分母。必须强调，这时的分母不变。

④分数相乘除时，一般先把带分数化成假分数；如果是相除，在考虑将"÷"用"×"代替的同时，交换分子、分母的位置，然后考虑约分；最后考虑分子相乘的积做分子，分母相乘的积做分母，还要考虑计算结果是假分数的要化成带分数。

（二）分数四则混合运算的顺序

教师出示下面的题目，让学生先想一想分数四则混合运算的运算顺序是怎样的，再找学生说出每题的运算顺序（不计算）。

$$\frac{7}{10}\times\frac{5}{16}\div\frac{21}{32} \qquad 3\frac{1}{6}+\frac{3}{7}\div\frac{3}{28}-\frac{5}{18} \qquad \frac{3}{7}\times\left[3\frac{2}{3}+\left(\frac{1}{2}\div\frac{1}{2}\right)\right]$$

要使学生明确：分数四则混合运算的运算顺序与整数四则混合运算相同。就是要先算乘除后算加减；在有括号的运算中，要先算括号里面的。

（三）如何运用运算定律使计算简便

在黑板上出示下面的题：

(1) $0.125\times32\times0.25$；

(2) $8\frac{3}{5}-4\frac{8}{11}+1\frac{2}{5}-1\frac{8}{11}$；

(3) $2\frac{5}{8}\div1\frac{3}{2}+4\frac{3}{8}\times6\frac{3}{5}$；

(4) $\left(\frac{3}{4}+\frac{5}{6}-\frac{7}{12}\right)\times24$；

(5) $1.25\times\left(\frac{4}{5}\times182.2-0.8\times117-\frac{4}{5}\right)$。

第(1)题：把32看成8×4。

第(2)题：要防止学生这样"简算"：$8\frac{3}{5}+1\frac{2}{5}-\left(4\frac{8}{11}-1\frac{8}{11}\right)$。

第(3)题：把除法改为乘法，进行简便运算。

第(4)题：可以应用乘法分配律进行简便运算。

第(5)题：小括号里可以进行简便运算。

二、复习分数、小数四则混合运算

（一）教师出示下面的题，让学生做，并说出各题是怎样计算的

(1) $0.7\times3\frac{1}{3}-3.2\div3\frac{1}{5}$；

(2) $\left(2\frac{3}{5}-1.4\right)\div0.06$；

(3) $0.75 \times 1\frac{1}{3} + 3\frac{5}{6} \div 0.23$。

像第(1)题这样，题中有的分数 $\left(如 3\frac{1}{3}\right)$ 不能化成有限小数的，一般来说，把小数化成分数计算比较简便；像第(2)题这样，分数能化成有限小数的，一般来说，把分数化成小数计算比较简便；像第(3)题这样，小数和分数相乘，能用同一个不等于零的数去除这个小数和分数的分母使计算简便的，可以先化简再计算。

师：我们在计算时，要注意根据题目的特点，灵活选择计算方法，怎样简便就怎样算。

(二) 练练"文字题"

(1) 2.5 减去 4 乘 $\frac{5}{8}$ 的积，所得的差除以 $1\frac{2}{3}$，结果是多少？

(2) 一个数的 $\frac{5}{6}$ 减去 $\frac{2}{5}$ 的差是 $\frac{1}{10}$，这个数是多少？

(3) $4\frac{1}{2}$ 除以 $8\frac{1}{4}$ 的商，等于一个数的 $\frac{1}{6}$，这个数是多少？

教师口述小结，有的文字题用方程解答更方便。

(三) 判断对错并说明理由

(1) $12.5 \div \frac{1}{2} \times \frac{2}{5} = 12.5 \div \frac{1}{5} = 62.5$；

(2) $\frac{3}{4} \times 1\frac{2}{3} + 1\frac{3}{4} \div 3\frac{1}{2} = \frac{3}{4} \times \frac{5}{3} + \frac{7}{4} \times \frac{2}{7} = 1$；

(3) $\frac{3}{4} + \frac{1}{4} \div \frac{4}{15} + \frac{11}{15} = 1 \div 1 = 1$；

(4) $(2.35 - 1.35) \div 2\frac{5}{7} = 1 \div 2\frac{5}{7} = 2\frac{5}{7}$；

(5) $2.4 \times \left(\frac{1}{8} - \frac{1}{12}\right) + 1\frac{3}{5} = \left(2.4 \times \frac{1}{8} - 2.4 \times \frac{1}{12}\right) + 1\frac{3}{5} = (0.3 - 0.2) + 1\frac{3}{5} = 1.7$。

三、课堂作业（略）

分数、小数四则混合运算在小学数学学习中，是集诸多计算技能于一体的综合性较强的智力活动。因此，分数、小数四则混合运算的复习课是具有典型性的，其典型性在于将诸多单一的运算技能整合为具有系统意义的综合技能，实现正确熟练地进行分数、小数四则混合运算的目的。

分析上面这个案例，其基本脉络即呈现为由单一运算技能整合为具有系统意义的技能的特点，具体步骤为：

①复习加减乘除和分数及小数等这些最基本的技能单元，形成综合运算的能力基础。

②复习运算顺序、运算定律等具有结构性质的技能单元。

③通过判断对错并说明理由，使学生主体掌握对自己的计算过程实行监控性质的技能。

④通过综合练习，在追求正确率的过程中，形成分数、小数混合运算的系统性技能。

3. 以融会知识、呈现数学思想、提高思维质量为主要特征的复习课

案例

教学实录　举一反三

环节一：教师在黑板上书写 $\frac{1}{2}$，提供第一份讨论材料

师：同学们看到黑板上有 $\frac{1}{2}$，老师要求你用我们学过的数学知识来表述，不说 $\frac{1}{2}$，但要让同学们知道你说的是 $\frac{1}{2}$，行吗？

生1：0.5。

师：正确，0.5 与二分之一是一样大的。

生 2：把单位"1"平均分成两份，取其中的一份。

师：同学们认为他说的对吗？

生：对。

师：还有别的说法吗？

生 3：50%。

生 4：五成。

生 5：对折。

生 6：1 除以 2 的商。

生 7：1 减 0.5 的差。

生 8：2 除以 4 的商。

师：同学们请注意，我们在用不同的数学语言表述 $\frac{1}{2}$ 时，要做到不重复。比如，有同学说过 1 除以 2，那么 2 除以 4 就属于重复了，好吗？

生 9：1 比 2 的比值。

生 10：2 的倒数（掌声）。

生 11：一刀两断（笑声）。

师：一刀两断不是数学语言，而且不知道你的一刀两断是否正好平均。

生 12：一半。

（教室里开始安静下来，学生们似乎感觉都讲完了。）

师：同学们讲了这么多不一样的 $\frac{1}{2}$，很了不起，能否换个角度，再进行思考？

生 13：我不知道对不对，我画了一个圈，然后把一个圈平均分成两份，其中一份涂上颜色。

师：好，很好。这位同学换了一个思路，用"形"来表示 $\frac{1}{2}$。

生14：我画的是一根数轴。

生15：小红有两个苹果，吃了其中的一个苹果。

师：这样说也可以，你其实是把"形"用语言表达出来了。

师：同学们，我们学了六年数学，我们可以用许多不同的方式来表达$\frac{1}{2}$，真是十分有意思。下面我们来讨论第二份材料。

环节二：教师提供第二份讨论材料

教师呈现如下材料：

$$\frac{1}{2}+\frac{1}{3}=\frac{3}{6}+\frac{2}{6}=\frac{5}{6}$$

师：前一份材料请你解读意义。

生1：把异分母分数转化为同分母分数进行计算。

师：正确，谁能解读后一份材料？

生2：把一个平行四边形割补成大小不变的长方形。

师：正确。下一个问题是，老师把这两份材料放在一起，有何用意？

生3：因为这两份材料都是通过转化，用旧知识来解决新知识的。

师：太棒了，这样的材料你还能再提供一些吗？请大家拿出纸和笔，分小组一起讨论收集。

师：请收集得最多的小组派代表来汇报。

（学生分小组讨论，并向全班汇报。）

（学生汇报略，下面列举几类学生收集的材料。）

材料类型之一　图形类：如把两个完全相同的梯形拼成一个平行四边形。

材料类型之二　计算类：如把除数是小数的除法通过移动小数点变成除数是整数的除法。

材料类型之三　问题类：如曹冲称象，用石头去替换大象，分割度量。

师：同学们，大家收集的材料真让我大开眼界。今天我们研究了这个问题，大家有什么收获吗？（学生回答略。）

这一节复习课的设计特点在于，对数学材料的组织复习离开了知识表面的逻辑结构，进入了知识深层次的结构。其基本思路是由老师提供一份材料，并把这份材料作为一个思维触点，以整个小学数学学习内容为背景，以思维触点为指引，进行发散性思维，对所学数学知识做思维检索。在检索过程中，完成对数学知识的主动复习，并在复习中起到融会贯通的作用。

这一课例与前面几个课例相比较，其不同之处在于，这一课例以一种思维方式或数学思想贯穿始终，而不是以知识的发展脉络作为主线贯穿。因此，这样的数学复习对学生的数学学习的意义是显而易见的。

数学学习，要适当地给学生一点惊喜，让学生体会到数学原来可以这样学习。这一节课在这方面做了尝试，告诉学生，复习的方法是可以多样的、创新的。

拓展复习课教学设计的两种基本样式

下面要呈现的拓展复习课的例子，你可以与前面经典复习课的第三种类型中的两个例子比较着阅读。前面"举一反三"这节课中有两份材料，在这里，我们把这两份材料分别上成两节各自独立的课（呈现顺序与材料具体内容有所调整），从中也一定可以比较出拓展的意思。

1. 旨在体会数学思想方法的数学复习课

案 例

教学实录 转化

（学习主体：五年制五年级学生。）

环节一：寻找一份与老师的计算材料类似的材料，在类比中体验转化

师：同学们，在开始复习之前，让我们先来分析一份学习材料。

$$\left(\text{多媒体呈现：} \frac{1}{2} + \frac{1}{3} = \frac{3}{6} + \frac{2}{6} = \frac{5}{6}。\right)$$

师：你能否用适当的语言将这份学习材料所提供的数学信息表述出来？

生1：是异分母分数加法的计算过程。

生2：异分母分数必须转化成同分母分数后再进行计算。

生3：第一步是转化，第二步是计算。

生4：新知识经常是需要旧知识帮忙的。

师：你能列举出一份类似的学习材料吗？

（学生独立思考，并书写在纸上。）

老师邀请几位学生把他们所列举的材料呈现给大家看。

生5：（实物投影）$\frac{4}{5} - \frac{2}{3} = \frac{12}{15} - \frac{10}{15} = \frac{2}{15}。$

生6：（实物投影）$\frac{2}{3} + \frac{4}{5} = \frac{10}{15} + \frac{12}{15} = \frac{22}{15} = 1\frac{7}{15}。$

师：有不一样的吗？

生7：（实物投影）

$$
\begin{array}{r}
1.2 \\
\times\, 0.4 \\
\hline
0.4\,8
\end{array}
\qquad \searrow \qquad \nearrow \qquad
\begin{array}{r}
1\,2 \\
\times\, 4 \\
\hline
4\,8
\end{array}。
$$

师：这份材料与老师刚才提供的学习材料类似吗？

（教室内学生有了自发的讨论。）

生8：不类似，一个是分数加减，一个是小数乘法。

生9：类似，都体现了一种转化的数学思想。

生10：我支持后一种观点。

师：同学们讨论得很热烈，并且形成了共识，认为这位同学的材料与老师提供的材料的确是类似的，因为它们都体现了转换化归这一种数学思想。那么，你还能列举出更多这样的学习材料吗？

生：（齐，热情很高地）能！

环节二：深度寻找多领域的同类材料，在联结中体验转化

师：下面我们按照学习小组进行讨论，由学习组长做好材料的记录整理，比一比哪一组列举的材料最多。

（学生开始小组活动。）

师：接下来，我们邀请几位小组发言人来宣讲他们的讨论成果。

生1：（边演示边讲）我们列举的材料基本来自图形。我们先学了长方形面积，后来，我们就把其他一些图形的面积转化为长方形面积来解决，比如正方形、平行四边形，后来又通过把三角形、梯形转化成平行四边形……

（老师根据他的材料和解说，整理学习材料。）

生2：我有意见，我认为正方形不是转化为长方形的，正方形是一种特殊的长方形。

师：这一组同学讨论得非常出色，值得我们学习。让我们再欢迎下一组同学发表他们的讨论成果。

生3：（边演示边讲）下面由我向大家报告我们组的讨论成果。

$2+2+2+2=2\times4$；

$\dfrac{2}{9}\times4=\dfrac{2}{9}+\dfrac{2}{9}+\dfrac{2}{9}+\dfrac{2}{9}$；

$\dfrac{1}{5}=0.2=20\%=$ 二成 $=1:2=4:8$；

$1\ m=10\ dm=100\ cm=1000\ mm$。

生4：我有意见，单位的化聚不应该是转化。

生5：我认为应该算是的，因为单位的学习也有先后。比如我们先认识"米"，后认识"千米"，把"千米"换成"米"，我们就知道千米大约有多少了。这个过程当然是转化。

（学生自发地交换意见，讨论颇为热烈。）

师：我发现同学们对转化的理解有差别。我现在请几位同学解释一下，你理解的"转化"需符合哪些条件。

生6：数学方法，一般是把新的东西变成旧的东西。

生7：把陌生的知识变成熟悉的知识。

生8：用熟悉的东西解决新的东西。

生9：我画一个以前老师画过的结构图（边说边写，见下图）。

旧知 ←——→ 新知

师：太好了，同学们的讨论很精彩！在数学学习中，运用转化这一数学思想方法的学习材料是如此之多。那么，在生活中，你有没有发现运用这一思想方法的事例呢？

环节三：在生活中寻找类似材料，深度理解转化思想

生1：把1元钱换成十个1角钱。

（学生笑。）

生2：把风能转化成电能。

生3：电发光。

生4：我认为这些都不大像，可我也说不出来。

生5：曹冲称象，把象的重量转化成石头的重量。

（学生鼓掌。）

生6：城市间距离的度量，比如把用尺子丈量转化为测量汽车的速度与时间，从而得到两地间的距离。

师：要讲的同学真多，这样吧，把你的发现告诉你的同桌。

（学生们以同桌为单位相互学习。）

师：听完同学们说的这么多案例，大家有什么体会？

生7：我的体会是有的同学说得特别好，有的同学说得不大好，可见平时观察、看书是很重要的。

生8：我的体会是思想方法都是相通的，书上好用，生活中也好用！

（学生鼓掌。）

环节四：运用转化思想解决问题，体验转化的多元化

师：我这里有两个问题，看看同学们能用什么好办法来解决。

（多媒体显示一幅图，图上是当地最高的楼。）

师：同学们看到这幅图了吧。我的问题是，你能想出多少种不同办法测量出楼的高度？

（学生讨论。）

生1：我用影子比例的方法来解决。

生2：我测量一下电梯上升的速度与时间来解决。

生3：我用数楼梯的办法来解决。

生4：我找个氢气球，再连根线升上去，量出绳的长度就可以了。

生5：我数一数它是几层楼，再量出每层几米高，这样就可以知道了。

生6：我打个电话到城建档案馆咨询一下这幢房子的高度就解决了。

（学生笑。）

师：看来同学们的方法真是很多。我发现同学们大都能把这一问题转化成自己所熟悉的数学问题然后再来解决，老师感到很高兴。现在请同学们看老师手上拿了什么？

生：磁带。

师：如果我要求同学们测量出磁带的长度，你能找到多少种有效的办法？

（学生沉默。）

师：你可以找你喜欢的同学进行讨论。

（学生开始自由组合。）

（学生开始激动地嚷嚷。）

师：现在请部分同学来报告他们的思考成果，不过老师要求你明确说出转化成什么样的数学问题。

生7：我们转化成速度与时间的问题进行计算。

生8：我们转化为总重量与单位长度重量，求长度的问题。

生9：我们转化为总体积与单位体积，求单位数量的问题。

生10：我们转化为简单测量的问题。

生11：查找资料。

（下课铃响。）

师：下课时间到了。同学们，谢谢你们如此积极地参与了本节课的学习，相信大家以后能很好地运用这种数学思想方法进行学习与解决实际问题。

（学生鼓掌。）

从课堂学习进程来看，本节课分为三个环节。

第一环节是整理数学学习中体现化归思想的学习材料，从中进一步明确转化的基本结构与学习意义。在此过程中，对一些典型数学知识起到了复习作用，同时促进了学生们对知识与知识进行联结的能力水平。

第二环节是整理日常生活中体现化归思想的生活素材，旨在进一步提高学生们对转化这一数学思想方法的抽象能力，培养学生从纯粹的数学材料到生活情境的通透能力，从而真正达到数学思想方法的学习目的。在这一环节中，"曹冲称象"与"城市间距离的度量"是挺有意思的例子。

第三环节是培养学生把生活问题转化为数学问题，并解决问题的能力。从课堂学习结构来看，这一环节的设置体现了学以致用的思想，学生们对测量楼高与测量磁带长度这两个问题的解决，反映了他们对转化这一数学思想方法的掌握水平，并且他们充分感受了伴随着问题解决而带来的快乐体验。

一节课下来，学习气氛轻松、活泼。间或有精彩的回答令学生们鼓掌或发笑。学生始终在老师的点拨下自主地讨论、宣讲、评价。

从教学设计来看，这一节复习课的最大突破是，从传统教学中以知识块为主组织复习，并渗透数学思想，转变为以数学思想为主线，引导学生去整理已学习过的数学材料，从而起到复习作用，培养了学生的数学能力。实践表明，这一种尝试是成功的，是符合现代教育理念的。

2. 旨在体会特定思维方式的数学复习课

下面要给大家呈现的这节课是通过复习小数的意义、性质与加减法来培养学生的发散性思维。这节课的设计大致可以分为六个版块，每个版块又通过一系列关键性的问题串联起来。格局由大到小、由粗到细，每一个看似随意的提问，恰恰体现了对学生思维的启发和思路的引导。本节课是一堂用"以问导学"教学方法授课的典型课例。课后，学生不仅从"问"中悟到了本节课的精髓，更从老师的"导"中找到了思维生长的路径。

案 例

教学实录　发散性思维

一、"吃饭"问题——复习方法的准备

(教师在黑板上书写"吃饭"两个字。)

师：小朋友们，黑板上写了两个字，认识吧？

生：认识。

师：不准说出来，让别人明白你在说这两个字，行不行？

生 1 一手做端碗姿势，一手做吃饭姿势。

生 2：每个人每天必须要做的。

师：每个人每天必须要做的，是这件事吗？

生 3：不是。

师：那谁来？很难说吗？你说。

生 4：……如果每天我们不做这个事，我们的肚子就会感到饥饿。

生 5：如果 21 天不干这个事，就会死亡。

生 6：进食。

生 7：就是需要我们使用筷子和碗，然后里面有一样我们饿的时候就想吃的东西，配合起来就是那个动作。

生 8：如果你不干这件事，你的肚子就会叫。

师：大家发现没有，我们在讲的时候，都在往同一个方向上走，就是如果不怎么样的话，你就会怎么样。如果 21 天不吃，你会死；如果他不做，肚子就要叫……。能不能换个方向？谁再来试试看？

教师连续请一个小组前三位学生回答，都回答想不出来。

师：同学们，学过英语吗？

生：学过。

师：英语是怎么表达它的？

生：eat。

师：别人听得懂吗？你为啥不说？

教师连问三人，都回答"没想到"。

师：谁有了？小伙子你说。

生 9：嘻呼（发出吃饭的声音）。

（全班笑。）

师：注意，不要跟在别人的后面跑。同一件事情，有很多不同的说法，大家要明白。

　　第一部分老师要求学生不能说出"吃饭"两个字，但让大家明白是在说"吃饭"。正是这样看似与本节课无关的互动营造出一种极其轻松的氛围，并在这种氛围中不断地引导学生找到多种表达方式，意图让学生体会表达一个意思可以有多样的表述，要熟悉多样表述的规则，唤醒发散性思维，为小数的复习做好方法的准备。

　　在这一部分，老师抛出问题"不准说出来，让别人明白你在说这两个字，行不行？"，目的指向学生的发散性思维以及准确、易懂的表述的培养。"每个人每天必须要做的，是这件事吗?"这一问题力求学生的表达更准确，指向性更明确，使答案具有唯一性。这个问题恰恰引发了学生对自己和他人表述的深入思考。除此之外，老师引导学生用英语或者肢体动作来表示，打破了学生仅仅用描述方法的固化思维，为之后复习小数做了充足的准备。

案 例

教学实录 发散性思维（续1）

二、百变的0.3——小数知识整理

（教师在黑板上板书0.3。）

师：请你不准说这是它，但让别人明白你在说它。我给你一点点时间。你能想出几种不同的说法?

生1：三种。

师：三种竟然不举手。你几种?

生2：一种。

（教师连续发问，学生依次答一种、三种、一种、一种……）

师：好，现在最多的是三种，最少的是一种。你的是一种，你先说。

生2：用0.1加上0.2。

（教师板书：0.1+0.2。）

师：你是怎么想的?

生3：把三个0.1加起来的数。

（教师板书：3个0.1。）

生4：3除以10。

（教师板书：3÷10。）

生5：30个0.01。

师：有没有重复？跟在谁的后面？

（教师板书：30个0.01。）

师：这里可以30个0.01，还可以300个……

生：300个0.001。

师：还可以……

生：3000个0.0001。

师：还可以……

生：30000个0.00001。

生6：十分之三。

（教师板书：十分之三。）

生7：0.3%。

（教师板书：0.3%。）

生8：我有一种，就是3-2.7。

师：3-2.7，有没有要跟的？好，同学们，0.3%不等于0.3，知道吧？你学了百分数以后就清楚了。你有？你说。

生9：就是它是一个倒数第三的一位小数。

生10：大于0.2、小于0.4的数，除了0.3还有0.21、0.22、0.23等。

生11：我也质疑。所以它应该是大于0.2、小于0.4的一位小数。

（教师修改板书：0.4和0.2之间的一位小数。）

师：那就是它！（手指0.3）大家发现没有？多严密啊！好！还有哪一个是大家没讲过的？你说。

生12：3比10。

师：3比10，你们懂吗？

生：不懂。

师：他们都不懂，你怎么办？

生13：比其实是除法的一种形式，只是跟分数差不多，就是那个比是两个数中间有两个小点。它跟除法很像，跟除法的性质其实是一样的。它有前项后项，前项除后项以后就等于这个比的比值，所以就是3除以10。

师：你懂吗？

生14：不懂。

师：请你用大家听得懂的话来说好吗？连我都听不懂。老是这样来糊弄我们，我们可吃不消的哦。用我们听得懂的话来说，比方说，0.03乘10，我们一听，哦，懂的！谁来说？

生15：就是要画个表格。

师：画吧！他又来跟别人不一样的了，画出来的。你说。

生16：把1平均分成10份，取其中的3份。

师：呦！这个话你们有没有想到过？是不是在讲这个数？他说，把1个1平均分成10份，取其中的3份。

（教师板书：把1平均分成10份，取其中的3份。）

第二部分同样提出问题："请你不准说这是它（0.3），但让别人明白你在说它。……你能想出几种不同的说法？"学生能够自然地将发散性思维从"吃饭"转向对0.3的认识这一数学问题上来，实现从一个点出发，以游戏的方式整理关于小数的数学知识的目的。有了第一部分的思维热身，这一问题对学生来说难度并不算大，但是每次回答都要从自己的认知结构中快速搜索关于小数的知识，从而构建一种介绍0.3的新方式。这样一种自主提炼知识的复习过程比老师直接给出结果来得更有趣、更高效。

在学生的思维火花不断迸发、学生积极表述时，老师发现学生的思维习惯于跟风，缺少自己的独立思考。当回答开始趋于同类时，老师用举例子的方法来明确规则：3个0.1、30个0.01、300个0.001、3000个0.0001……，讲得完吗？0.1+0.2、3-2.7，有没有要跟的？通过学生举的例子来提炼其相同的本质，即都属于四则运算的表达方式，以唤醒学生普遍缺失的创新性思维素养。

案例

教学实录 发散性思维（续2）

三、知识整理的诊断分析

师：这些说法当中，哪一个说法是你没有想到过的？我来采访一下好不好？你说。

生1：十分之三我没有想到。

生2：把1平均分成10份，取其中的3份。

生3：我也认为是十分之三最没想到。

生4：我认为是把1平均分成10份，取其中的3份。

师：那把1平均分成10份，取3份，就是几啊？

生：0.3。

师：（手指十分之三）就是几？

生：十分之三。

师：所以我们问了4位小朋友，4位小朋友都说想不到。那位小朋友举手把我们都吓了一跳。那我问你，为什么这一个说法我们最想不到，是它最难吗？

生5：不是。

师：为什么你最想不到？能告诉我吗？我郁闷死了。

生5：我认为是它非常简单，而我们都把问题往难的方向去想。

生6：我认为应该是我没有接触过它。

生7：我认为应该是0.3是一个小数，而1是一个整数，小数应该和一个小数相联，而1是整数，所以我没有想到。

生8：我觉得我们的固定思维太严重，出一个0.3就想不到它的另一种形式。

师：哪一种是它的另一种形式？

生8：比如分数或者用一些简练的语言表达。

生9：我觉得因为我们之前都认为加减乘除是我们最常用的，所以往往会忽视这些方面。

生10：因为我觉得大家都喜欢跟着一个人的节奏走，然后就把这一点忽略了。

师：哪个人的节奏啊？

生10：就比如说3个0.1。

师：好，同学们，我们小结一下。刚才我们都说了，这些说法当中，最简单的说法是哪一个？

生：0.1+0.2。

师：这些加啊、减啊、乘啊、除啊，都属于四则运算。

（教师板书：四则运算。）

师：最不容易想到的是属于什么？

生：分数。

师：属于分数的什么？

生：意义。

（教师板书：分数的意义。）

师：小朋友们，既然是分数的意义，那这个数（手指0.3）是什么数啊？

生：小数。

师：这个是小数，怎么会想到分数呢？所以就很难很难，是这样吗？

生：是的。

师：那请问，这个数（手指0.3）是不是这样来的？读一遍。

生：（齐）把1平均分成10份，取其中的3份。

师：就是……

生：十分之三。

师：就是……

生：0.3。

师：是不是就是这样来的？

生：是。

师：那既然它就是这么来的，那分数的意义其实也就是……

生：小数的意义。

师：对了，同学们，为什么它这么难啊？因为我们把它跟分数分开来了是不是？其实小数也就是……

生：分数。

师：所以一位小数是几分之几？

生：十分之几。

师：一位小数就是十分之几，十分之几就是几个什么？

生：0.1。

师：好，同学们，除了这些四则运算之外，剩下的这一些统统都来自小数的什么？

生：意义。

师：因此我们现在讲来讲去，讲了几个知识？

生：一个。

师：一个什么知识？

生：小数的意义。

师：一个小数的意义，还有一个四则运算。对了，大家发现没有，我们讲了这么多，其实只用了几个知识啊？

生：两个。

师：而这两个知识我们擅长哪一个啊？

生：四则运算。

师：我们遗忘了哪一个？

生：分数的意义。

师：通过诊断，我发现大家在这节课当中有一个弱项，就是把分数当分数，把小数当小数了，对不对？其实小数就是一种分数而已。以后我们就不会那么想不到了。

第三部分通过抛出"这些说法当中，哪一个说法是你没有想到过的？"这一问题，引导学生对头脑风暴得来的全部说法进行观察和反思，进而自行提炼出它们不同外表下相同的本质，并对其进行归类和自主诊断。同时，再回过头来思考最想不到的说法，即学生知识掌握得薄弱的部分或者不熟悉的部分，对这部分进行重点分析，从而起到巩固、加深印象的效果，以起到诊断的作用。

本节课学生的学习障碍是学生在教师的引导下自行发现并进行突破的。学生在讨论对 0.3 的不同表述时多认为"把 1 平均分成 10 份，取其中的 3 份"最难想到。这恰恰说明了小数的意义这一内容是学生知识的盲点，平时比较容易被忽视。这同样是教师教学的难点。找出了教学难点，进而进行重点突破，难点就迎刃而解了。这样的复习课能够打通学生前后学习的知识，在一种游戏的氛围中不断地进行头脑风暴——先将所学过的知识零零散散地回忆起来，再对这些碎片有顺序地进行梳理和归类，最后找到最容易忽视的部分进行强调。我们数学的教学，不正是致力于让学生形成一种条理清晰、有逻辑、有顺序的数学思维吗？

通过这一节课的复习，学生不但知道了 0.3 的多种表示方法，更明白了小数、分数之间的联系；能够归纳得出用小数的意义、小数的四则运算这两种不同的方法来表示一个小数，也就是看待问题不仅要能看到表象还要能洞察其本质。这些收获对学生日后在自主学习过程中进行举一反三很有帮助。

案 例

教学实录　发散性思维（续3）

四、知识整理之风暴再生长

师：除了这些说法之外，你还能想到新的、不同的说法吗？好，11位小朋友都有了新的说法，我们来听听看好不好？

生1：一个鸡蛋加一粒米（鸡蛋为0、米为点），把M转一下（变为3），就是……

生2：把一个西瓜平均分成10份，取其中的3份。

师：讲过没有？

生：讲过了。

师：重复了。开玩笑，第二波那么容易的吗？脑子动起来哦。你说。

生3：我觉得还可以用找规律（的方法），但我觉得提出的这个规律不太明显，就是0.1下来是0.2，0.2下来是什么？

师：她说给你弄一个数列，0.1，0.2，（　　　），0.4，0.5……。你自己填吧！厉害！第二波里面第一个答案。

生4：我觉得还可以用画图的方式。

师：还有吗？最后，看来可能只好请我出场了哦。需要我出场吗？你说。

生5：0.3，0.4，0.5，其中最小的，就是那个数。

师：都出来了，还最小的。很难啊，看来得请我出手啦。还不肯啊？你说。

生6：还有一种是把30倒过来一下，中间放一粒米。

生7：还可以用方程。

师：什么方程？

生7：$1x=0.3$，求 x。

师：用方程。好，我来。我讲出来你们又要吓一跳了。

师：（边板书边说）把3的小数点往（左）移动（一位），明白没有？（学生：明白。）想到没有？（学生：没有。）容易不容易？（学生：容易。）你为什么想不到？

生8：因为把3的小数点向左移一位，我们以为它和0.3没有太大的关系。

生9：我觉得把3的小数点向左移一位就是把整数往小数那儿分，我们还是把整数和小数给分开了。

师：对了！同学们，小数点移动这点知识学过没有？（学生：学过。）往左移一位？（学生：缩小。）往右移一位？（学生：扩大。）缩小100"倍"就要往……（学生：左移动两位。）扩大100倍就要往……（学生：右移动两位。）我看你们很熟悉啊，怎么想不起来呢？

生：忘了。

师：我发现你们都是把简单的东西给忘了。好，大家发现没有，小数点是可以移动的。同学们，我再跟你们说一个会让你们后悔一辈子的好不好？你行吗？你来，你说。

生10：把3——个位上的3移到十分位。

师：把个位上的3移到十分位，其他位上都是几？（学生：0。）懂了没有？位是可以移动的，小数点移动了，这个数也可以移动，我们能够听明白。

如果说第三部分是老师带着学生进行复习，那么第四部分则是老师继续激发学生的复习兴趣，使得学生进一步自主回顾复习小数的意义以及小数的计算的过程，将没有复习到的数学知识复习完整。老师给出的问题是："除了这些说法之外，你还能想到新的、不同的说法吗？"通过前面的归纳和引导，学生已经开始有意识地拓宽自己的思维，想出了用数列、实物、方程求未知数等方法来表示自己所要表达的内容。

在学生回忆了小数的意义、小数的四则运算后的确有所收获，但又遇到了另一个瓶颈，老师提醒大家还可以用移动小数点的方法，这便又复习了小数的性质这一知识点，由此便将小数与整数联系了起来。

案例

教学实录　发散性思维（续4）

五、知识点变题目

师：如果老师把这些都变成了括号，把1平均分成10份，取3份是多少？十分之三等于多少？3减2.7等于多少？3个0.1是多少？这样每一个说法就成了一道什么？（学生：题目。）这些题目可以用来干什么？

生1：可以用来表示0.3。

师：大家发现了没有？有这样的填空题，有这样的计算题，有这样的等差数列，就成题目了。这些题目可以拿来干什么？

生2：用来……考我们。

师：那么你看，这里面一共有多少道题目啊？你数出来没有？

生3：11道。（还有的学生说8道等。）

师：每道题目都可以出很多相似的什么？（学生：题目。）很多道对不对？那么这11道题目里面，隐含着多少道题目啊？（学生：无数。）无数道题目。做得完吗？（学生：做不完。）我们仔细一看只有11道，再仔细一看只有几道？（学生：1道。）3道嘛。1道是什么？（学生：分数的意义。）1道是什么？（学生：四则运算。）1道是什么？（学生：小数点移动。）另外1道你们还没想出来，回去慢慢想。

第五部分老师提出"如果老师把这些都变成了括号，……每一个说法就成了一道什么？这些题目可以用来干什么？……这里面一共有多少道题目啊?"学生们的手如雨后春笋般高高举起,有的说11道,有的说8道,老师没有立即纠正学生的错误,而是顺着他们的思路继续往下问:"那么这11道题目里面,隐含着多少道题目啊?"学生们异口同声地回答"无数"。

老师顺势往下问:"(这11道题目)再仔细一看只有几道? ……1道是什么? 1道是什么? 1道是什么?"渐渐地学生也和老师形成了一种默契,聪明的他们立马意识到其实这些题目都是围绕着小数的意义、小数的加减以及小数点的移动等知识点展开的。老师将学生的各种说法改成题目,让学生明白每道题目都有许多变式,但是万变不离其宗,抓住其最根本的东西,知道题目是怎么来的,要比知道题目是什么更重要。

案 例

教学实录　发散性思维（续5）

六、小结

师:好,小朋友们,今天课上到这里,你知道我想干什么吗?

师:(追问)你说我想干什么?

生1:我觉得你就是想让我们理解小数的意义。

生2:我觉得你想让我们知道一种数有很多种表达方式。

生3:我觉得你可能想让我们说出四种方法,但我们只说出三种,让我们想第四种。

生4:一个数可以有很多种表示方法,而且不要老是跟在别人屁股后面。

生5:想让我们动脑筋。

生6:一个数可以有很多种解释方法,我们可以从任何一个角度出发。

生7:你肯定想拿题考我们,看一下我们的经验如何。

师:我大老远地跑过来,那么多老师陪着我们,写了一黑板的东西,我想干什么?

生8：不要忘了那些简单的题。

生9：你想让我们知道，一个数可以有很多种表达方法，如果一种行不通，可以换种思维。

生10：我觉得你想让我们知道，不管回答什么问题，都不要跟在别人后面。

生11：我觉得你想让我们学习到意想不到。

师：今天给你意想不到了吗？

生11：因为好多都没有想出来，我是自愧不如。

生12：想让我们养成发散性思维。

生13：你想让我们复习以前的功课。

师：我在复习，我在请你们复习，我在请你们发散，我在请你们把一个问题用不同的方法来解决。

生14：老师想让我们知道，不要老跟着别人，要创新。

生15：我觉得你想让我们知道，不管是难的题还是不难的题，我们都要记住。

生16：就是告诉我们学数学不要那么死板、只向一个地方发展，也要向别的方面想。

第六部分老师试图与学生交流这节课的经历感受的问题是："你知道我想干什么吗？"这个问题很有意思，又是"吃饭"问题，又是"百变的0.3"，这个数学老师葫芦里究竟卖的什么药呢？学生们能够拨开这层层笼罩的迷雾吗？学生们的回答令人欣喜。前几个人是对课堂中小数知识复习内容的总结，接着就有人说老师想让他们知道不要老是跟在别人屁股后面，有人说老师想让他们动脑筋，有人说老师想让他们学习到意想不到，更有人说老师想让他们养成发散性思维……。通过一节复习课，学生们不但收获了复习的内容，还得到了他们自己对于数学思维的见解，得到了对待学习和思考更深刻的认识。

课业负担如何减轻？

——以"植树问题"为例①

"植树问题"，是小学数学的经典问题。但这个问题，经常在课内与课外之间游离。游离原因这里不做赘述。我们以"植树问题"为例，来探讨通过改善教学来减轻学生学习负担的现实意义。

通常，我们这样教

例题：路长 100 米，每 5 米种一棵树，路两头都种，一共要种多少棵树？

教学流程：

一、建立概念

距离、间距、间隔数、棵数。

二、建立关系

距离÷间距+1＝棵数；

强调：距离÷间距是与棵数一一对应的间隔数。

三、区别类型

两头种：距离÷间距+1＝棵数；

一头种一头不种：距离÷间距＝棵数；

两头不种：距离÷间距-1＝棵数。

———————————

① 有关"植树问题"的讨论，还可参阅本书下编中《问题解决：解题能力的培养路径》后的"种子课例"——《"植树问题"教学讨论》。

四、审题

读题：植树问题；

区分类型：两头种；

提取关系式：距离÷间距+1=棵数；

把数字代入列出算式：100÷5+1；

解答。

以上便是对"植树问题"一直以来沿袭的教法。

尝试：我们现在这样教

环节一：比较——平均分中的段和点

例1：路长20米，每5米分1段，一共分多少段？

要求学生解答：

（1）读题：平均分，用除法。

（2）列式：20÷5=4，分4段。

例2：路长20米，每5米种1棵树，一共种多少棵树？

要求学生解答：

（1）读题：平均分，用除法。

（2）列式：20÷5=4，4+1=5，种5棵。

讨论：例1、例2的不同点在哪里？为什么例2要多一步加1？

结论：如图所示|_____|_____|_____|_____|，例1、例2都是平均分，但例1讨论的是"段"，而例2讨论的是"点"，点数比段数多1。

环节二：讨论——不同的树有哪些？

问题：同学们，除了园林工人把树种在点上外，这世界上有没有什么人也是把东西"种"在点上的？

讨论整理：

（1）开会时，服务员把杯子放在点上。

（2）站岗时，警察站在点上。

（3）路灯装在点上。

（4）摆花时，花也在点上。

（5）高速公路上的服务区，也是建在点上。

（6）美国总统，5年选一个，也是选在点上。

……

环节三：练习（略）

环节四：变式练习

变式一——例3：班长领了5棵树去种，到现场一看，发现路的一头有座房子，怎么办？

学生：交回1棵树。

变式二——例4：班长领了5棵树去种，到现场一看，发现路的两头分别有座房子，怎么办？

学生：交回2棵树。

小结：一头不种，减1；两头不种，减2。

环节五：总结（略）

讨论：我们在哪里"减负"

曾经在一个四年级班里教学"植树问题"，这个班的学生多数在校外培训机构学过"植树问题"，所以面对上面的例2时，学生马上问："是两头种，还是一头种，或是两头都不种？题目没讲清楚，我们没法做。"

学生问这个问题，说明学生已经被训练得机械化了。我要求他们忘了以前学的方法——就是本文第一部分描述的通常的方法，跟着我去比较第二部分中的例1、例2。等完成本文第二部分的整个过程后，问学生："今天我们经历的'植树问题'学习与大家在校外培训机构的学习，差别在哪里？"

学生回答："我们在校外学的是方法，你今天教的是道理。"

不论这个回答是否正确，学生感受的敏锐性令人钦佩。

在通常的教法中，学生要先记住间隔、间距等概念，接着记住关系式，再接着记住三种情况的三个关系式——记的容量很大。

在后面的教法中，学生不需要记住概念、关系式，只要回到平均分去就可以了。平均分的要素有"段"与"点"，像速度×时间＝路程、效率×时间＝总量……都是段的问题，而植树问题是点的问题。但它们本质上都是平均分的问题。

这个道理明白了，气就舒了，负担也就减轻了。

我想用这个例子来说明：课业负担的减轻不是一句空话，不是简单地规定少做题目，而是应该实实在在地去研究教学本身。相信好的教学是可以让学习变得相对轻松的。

下编——教对数学的路径把握————

· 数学概念：从学生的"明白"出发

· 数的认识：数感是如何培养的？

· 计算教学：算理、算法和算律怎么教？

· 量与计量：计量单位教学的两种基本样式

· 面积公式推导：从"怎么想到的"谈其落脚点

· 问题解决：解题能力的培养路径

❈ 导　语 ❈

教书，一种是将学生的"明白"改造成数学的"明白"，一种是将学生的"空白"变成数学的"明白"。那么，具体到课时内容中，如何操作，在本编中会具体讨论。讨论基本分两个部分：一部分是关于如何操作的论述，一部分是关于如何操作的案例。案例的形式有所不同，有的案例是本人的教学设计，有的案例是听课老师的听课记录，有的案例是教研活动的实录……均予以保留。

数学概念的教学案例，均选用了改造型学习的案例，因为在小学里，绝大多数概念都是学生在生活中有所明白的。

数的认识主要谈了数感的培养，因为我们老师们对数的基础知识、基本技能都十分了然，而对数感不甚明了，以致把估计当成了数感或数感的部分，能否教对自然就成了问题。

计算教学粗粗地谈了算理、算法、算律的教学把握。把这三者厘清了，计算教学就不会滑边了。后面的问题解决也只谈了运算意义的构建与问题解决的路径。先给同行起个头，待以后再对这两个问题做详尽阐述。

计量单位的教学，主要提出了体验把握的问题，这样应该基本讲明白了。

而面积公式的推导教学重在凸显化归思想，但如何想到化归值得关注。

数学概念：从学生的"明白"出发

数学概念，是小学数学教学中的一个十分重要的内容。如何做好概念教学，一直是小学一线教师的重要课题。这里结合前文已经提过的教学的两种基本样式具体阐述。

基本样式一：将学生的"明白"改造为教师的"明白"

概念，有内涵，有外延，不是简单地认读一个词。词，只是概念的表征。内涵与外延是概念的内容。对一个概念的表征与内容均理解了，我们称之为"明白"。

小学生学习数学知识，不是以一无所知的白纸状态进入课堂的，他们是揣着一个属于他们的"明白"进入我们的数学课堂的。

举例来说，教师有个关于"端点"的"明白"。相应地，学生也有一个关于"线头"的"明白"。

学生的"明白"中关于线头的内涵与外延和教师的"明白"中关于端点的内涵与外延，应该大致相同。

所以，对这一类概念的学习，教师的任务是首先要了解学生的"明白"在哪里，然后知道学生的"明白"与自己的"明白"间的差别，再进行设计：如何帮助小学生完成这个差别之间的改造。（见下图）

基本样式二：将教师的"明白"变成学生的"明白"

有一些概念，学生是以一无所知的白纸状态进入课堂的，比如质数、合数。在学生的生活经历中，并未因为生活需要而经历过质数、合数，这是纯粹的数学规定。

对于这种学习样式，因为学生完全没有相应的"明白"做准备，因此，教师在进行这类概念教学时，需要让学生尽可能地用多种感官来感受教师的"明白"的各个内涵、要点。比如，让学生用眼观察、用鼻闻、用嘴尝、用耳听、用手摸等。感官参与越多，参与样式越奇特，学生的记忆就越深刻。所以，这种学习样式在语文教学中有一个词比较流行，叫全纳教学或全息教学，究其根本，就是让更多的感官参与其中。（见下图）

比较两种基本样式

在小学数学概念学习中，更多的概念学习属于第一种样式，属于第二种样式的概念学习比较少。

如对"面积的认识"，我们可以做一个关于用两种基本样式来组织教学的比较。

面积是一个重要概念，我们将这一概念用"改造"学习的样式来组织，是这样的。（见下图）

如何改造呢？

环节1：同学们，对于面，你能找出一个你所熟识的面吗？

环节2：这些面之间有什么差别？

环节3：面是如此之多，你能将你所看到的那个面画在纸上吗？

环节4：面是论大小、长短，还是论轻重的呢？

这四个环节的基本流程是：

找面：原来每天都从面（床面）上起来，走在面（地面）
上，第一件事情是洗面（脸面和手面）……。呵呵，
面是如此之多。（面在体上。）

分面：有些面是平的，如床面、地面、桌面；有些面
是凸的，如脸面、手面……（今天我们讨论平面。）

画面：把面画下来，得到一个封闭图形。

论面：面的属性是大小，轻重长短都不是面的比较属性。

面积：面的大小叫面积。

我们也可以用第二种基本样式来组织教学（见下图）：

环节1：什么是面积？你知道吗？

环节2：物体的表面在哪里？我们摸摸看。

环节3：封闭图形呢？你能画几个？

环节4：什么是面积，你明白了吗？用笔将这个图形的面积涂出
来，可以吗？

这四个环节的基本流程是：

面积：教师的"明白"是什么。（自主看书或用其他方式获得。）

摸表面：理解什么是物体表面。（通过手来体会。）

画封闭图形：▭、△、○……。这些图形都有大小。

涂面积：在▭中，将它的面积涂出来，涂的是面积，画的是周

长，得到教师的"明白"。

不同的选择，差别不在知识中。

任何一个概念，都可以用第二种基本样式组织教学，但绝不是任何一个概念都可以用第一种基本样式来组织教学的。

以"面积"为例，按正确的内涵来理解，在这一节课中，学生有大量的关于"面"的明白，因此是改造学习。但如果我们无视其关于"面"的明白而组织纯粹的接受学习，可以吗？显然，学生也能掌握关于面积的相关知识，或者掌握得更好。

如果是这样，那么我们对概念学习的分类有意义吗？显然，对概念学习的分类，其意义不在于对知识的掌握，而在于对知识的理解。

下面我们来比较两个基本样式的具体流程。（见下表）

基本样式一：改造学习		基本样式二：接受学习	
环节	学生念想	环节	学生念想
找面 ↓	哦，原来我们一直在面中	面积 ↓	哦，我们要学面积
分面 ↓	面有平有凸，真的吗？	摸表面 ↓	摸桌子的面，摸书本的面
画面 ↓	面从体上来，而面下来后就得到一个封闭图形	画图形 ↓	封闭图形也有大小
论面 ↓	面的属性为大小，地面很大，肯定不会说地面很长	涂面积	涂出来的是面积，画出来的是周长
面积	面的大小叫面积		

这两个流程的最后结果是一样的，都是关于面积的"明白"。但它们的起点是不一样的，一个起点是关于面积的"明白"，一个起点是关于面积的"不明白"。

显然，面积这一学习内容，不同学习样式的选择决定学生关于学习的不同体会，尽管与知识目标关系不大。

因此，我们要对概念做分类，以合适的方式组织教学，是十分有意义的。

种子课例

"平均数" 教学讨论

平均数，从学生数感的发展而言，是学生对虚拟数的第一次理解。因此，如何让小学生理解"平均数"这一概念是十分值得研究的。

记录：平均数，我一直是这样教的

通常我们在课堂教学中，学习平均数会从一个事例开始。

材料：

男生组投篮统计见下表。

姓名	小刚	小强	小明	小方
数量（个）	11	13	10	6

女生组投篮统计见下表。

姓名	小丽	小红	小佳
数量（个）	12	11	10

问题：哪一组的水平高？

设计这份材料与问题的意图是基于这样一个认识：

学生关于大小比较或水平比较的发展过程是这样的——

发展水平一："个"的水平比较——比单个多少。比如甲投中 7 个，乙投中 6 个，甲的水平高。

发展水平二："组"的水平比较——比成员投中总数。比如甲组成员分别投中 7 个和 9 个，相同人数的乙组成员分别投中 8 个和 10 个。7+9 与 8+10 比较，和大者水平高。

发展水平三：不同人数"组"的水平比较——比成员投中总数不

公平，这就需要比平均数。

教师的这个认识的结果是使学生在学习平均数时，主要有以下认识。

认识一：平均数的用途是公平地比较成员个数不同的两组的水平高低。

认识二：平均数可以通过总数除以份数来求得。

惊诧：平均数就是平均分

在一次关于平均数的教学展示中，教学对象是三年级的学生，按照那个流程上完，学生已经会求平均数了，也会用平均数解决问题了。临下课时，我问了同学们几个问题，引发了这样一段对话。

师：同学们，今天我们学习了平均数，大家理解了吗？

生：理解了！

师：谁来说说什么是平均数？

生：就是平均分！

师：是吗？平均数就是平均分吗？

生：是的。

师：平均数和平均分有区别吗？

至此，我发现学生已经无语了。他们听见老师提问平均数与平均分有何区别，便自然想一定有区别，但又都说不出区别所在。我发现我的教学虽然让学生们能做对题目了，但他们并没有真正地理解平均数。

从学生的回答中我们还可以发现，学生是用他们从前理解的平均分来理解平均数的。也许从他们的理解来看，平均分与平均数仅一字之差，自然是一样的。

反过来，他们对平均分的理解也是不甚明白的。学生的学习是糊里糊涂的，因为不能清晰地理解，便只有记住而已。

这个事实说明，我的课虽然上好了，但学生并没有建立起真正的数学概念。

那么，问题在哪里呢？

反思：平均数的概念在哪里？

知道平均数的用途，是知道平均数的概念吗？

知道求平均数的方法，是知道平均数的概念吗？

平均数的概念有两个要点。

要点一：它是代表一组数的整体水平的。

要点二：它具有虚拟的特征。

就知识的完整性而言，它应该包含以下三个部分。（见下图）

平均数是什么？	如何得到平均数？	平均数有什么用？
概念	方法	应用

概念蕴含着方法与应用：

因为具有虚拟性，所以，要得到平均数需要用总数除以总份数或者移多补少。

因为平均数代表整体水平，所以，平均数可以用来比较两组数的水平，具有了统计价值。

正确的学习应该是这样的：

从学生的生活中去寻找关于平均数的前概念→从前概念中生长出平均数的概念→从平均数的概念中生长出平均数的求得方法→从平均数的概念中生长出问题解决的应用。

我们目前教材中的学习则省去了概念的学习。直接在应用与计算中学习概念了，而这样的概念学习事实上是淹没于计算与应用中的。

所以，这样的学习，往往是知其然而不知其所以然。

分析：我们的知识学习缺什么？

如前所述，一个完整的知识学习，应该包含以下三个问题。

1. 它是什么？

2. 怎么得到它？

3. 它有什么用?

它是什么,是概念理解;怎么得到它,通常是计算方法问题;它有什么用,即所谓的问题解决。

就平均数而言:

1. 它是什么?——是用来代表水平的虚拟数。

2. 怎么得到它?——因为它是虚拟的,所以需要通过计算来得到。

计算一:(11+13+10+6)÷4=10,(12+11+10)÷3=11(总数÷总份数)。

计算二:9+(2+4+1−3)÷4=9+1=10,9+(3+2+1)÷3=9+2=11(移多补少法)。

3. 它有什么用?——可以比较出两组水平。11>10,女生组水平高。

将三个问题描述成如下模型:

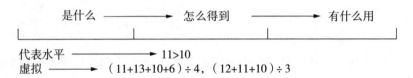

在这个模型中,可以很清楚地认识到,"是什么"是后两个问题的根本与源泉。因为代表水平,所以有用;因为虚拟,所以要计算。有了对"是什么"的理解,才自然而然地生长出对方法的理解、对问题解决的理解。

而我们的教材中,其数学指向的两个问题为:

1. 平均数可以帮助我们解决这个问题。

2. 平均数可以这么得到。(见下图)

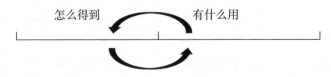

从中可以很清晰地发现,教材所呈现的学习缺少了第一块内容:是什么。

这使我想到一句歌词:我不知道你是谁,我却知道你为了谁。我们知道平均数有什么用、怎么得到，却不知道平均数是什么。问题是，大家都觉得：不知道平均数是什么有什么关系呢？我们长大后不就都知道平均数是什么了吗？我们最后不都考得很好了吗？我们不都成了博士了吗？

讨论：缺失的带来什么缺失？

若我们的小学数学学习只是为了学生的考试，那缺少"是什么"的理解可能也是无关紧要的。但若我们把视角放大一些，可能就会有不同的认识。那么，视角可以放到多大呢？曾有一位德国总理说过这样的话：小学教师的讲台连着民族的未来。而民族的未来可能很大程度上取决于民族的创新能力。因为自己是小学教师，所以我一直对这一论断感到十分震撼。

一般一个比较完整的创新应该包含以下内容。（见下图）

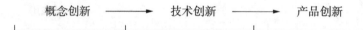

概念创新 ——→ 技术创新 ——→ 产品创新

比如高铁，首先是一个概念创新：提出速度达到 300 千米/时的火车是可以实现的。其次是技术创新，将概念呈现为一个产品。最后这个产品要服务于社会，成为商品。每一个阶段都需要了不起的创新。

好了，我们认真思考一下我们当下的中国。经济突飞猛进，每年申请的专利数已位居全球前列，但我们国家、我们民族的创新呈现什么特点？很明显，多集中在后两段，我们弱的是概念创新。

然后，我们把两个模型放到一起。（见下图）

小学学习：　是什么 ——→ 怎么得到 ——→ 有什么用

成人创新：　概念创新 ——→ 技术创新 ——→ 产品创新

通过比较，我们是否可以发现两者之间的相关性？小学学习中对"是什么"的欠缺最后呈现为民族原创能力的欠缺。

你可能会认为我这样说比较牵强，认为中国的原创能力弱是因为知识产权保护不足，是国家机制问题或者更多其他问题，我们这里都不做辩解。

叩问：平均数的前概念是什么？

学生的生活中有平均数吗？特别是十岁前的儿童生活中有平均数的前概念吗？

这个问题让我困惑许久，后来我发现我的学生经常讲以下三个词：超常发挥、正常发挥、失常发挥。

这些词，学生更多地用在吃、跑和考试中。

我发现，这三个词分别对应我们在数学中将要学习的统计概念。

于是，我选择了通过学生跑步的经历来帮助他们建立平均数的概念。(见下图)

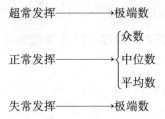

改善：从"正常发挥"到"平均数"

材料：二年级小朋友 60 米跑了五次，时间分别如下（单位：秒）——15，14，12，10，14。他需填写这张表：60 米，我大约要跑_____秒。

问题一：这位小朋友填了 15，却把 15 划去了，同学们知道为什么吗？

学生回答：太慢了，不好意思。

问题二：后来，这位小朋友填了 10，过了一会儿又把 10 也划去了。同学们知道为什么吗？

学生回答：10 秒是最快的，是超常发挥的，他生怕自己以后跑不到。

问题三：同学们，那大家认为，这位小朋友应最好填几？

学生回答为以下三种：

14，因为跑14秒的次数最多。

12，虽然跑14秒的次数最多，但偏慢了，偏慢不如偏快。

13，不快不慢，刚刚好。

说明：平均数的内涵第一次出来了——13代表这组数的水平刚刚好，不快不慢。

问题四：13秒。这位小朋友根本没有跑出来过，填上去是不是不诚实啊？能填吗？

学生们的争议达到本节课的高潮：

观点一：不能填，因为没有跑出来过。

观点二：可以填，现在没有跑出来，不等于第七次不会跑出来。

说明：虚拟的特征已经成为学生们理解的对象。

问题五：13没有跑出来过，13跟这些跑出来的数之间存在怎样的关系呢？

关系一：（15+14+12+10+14）÷5=13。

关系二：见下图。

移多补少

结论：原来13藏在这些数中间。

说明：平均数的计算方法就出来了。

整理：平均数的概念习得

将上述讨论整理成以下材料：

60米我大约要跑 __15__ 秒 最慢

　　　　　　 __10__ 秒 最快

<u>　　14　</u>秒　最多但偏慢

<u>　　12　</u>秒　偏快

<u>　　13　</u>秒　刚刚好，但没跑出来过

问题：同学们，这几个数的特点，你认为哪个数最有意思？

学生回答：13 最有意思。它有两个特点："刚刚好"表示水平；"没跑出来过"，但其实它也蕴含其中。

结论：我们称这种数为"平均数"。

结语

从上课的过程来看，学生对平均数的理解是跌宕起伏的。"没跑出来过"，却正好表示水平，成了学生最大的纠结。而这种纠结正是不愤不启的真实状态。所有这些，均来自生活中关于正常、失常、超常的理解。

从这个例子，可以得到如下事实：

（1）学生不是以一张白纸的姿态进入学习的。在他们的经验中，有我们所要学习的知识所对应的丰富的经验，这些经验是他们学习数学的基础，也是他们理解数学的基础。

（2）教学的进步，是慢慢知道了孩子具备哪些我们的知识所对应的经验，以及如何让这些经验与知识之间自然对接，完成生长。这个生长就是皮亚杰的"同化顺应"，就是我们说的"理解"。

"体积与容积" 教学实录及分析

——以学生的方式理解概念

物体所占空间的大小叫物体的体积，物体所能容纳物体的体积叫容积，这便是体积与容积的概念。这两个概念很难理解。因为概念难理解，所以在数学学习中，学生经常混淆体积、面积和表面积，导致许多学习错误产生，由此给老师和学生带来许多困惑。

下面我们结合"体积与容积"这一内容，谈谈如何让学生建立起体积与容积的概念。

理解空间

问题一：什么是空间？

教师书写"空间"。

师：谁能解释一下空间的意思？

生：空间就是一个地方。（多个回答，均这一答案。）

【说明：学生们一直身处空间之中，却不知如何解释空间。在学生的回答中，空间是一个地方，用"地方"这一理解替换"空间"。而地方既可以理解为一个空间，也可以理解为一个面；在生活中经验层面，"地方"一词更接近于"面"。这一回答充分表现了学生对"空间"与"面"两个概念的模糊。由此可见，对空间的理解是多么重要。那么，我们如何让学生将"空间"从"地方"中分离出来呢？】

问题二：空间在哪里？

师：请大家举个例子，空间在哪里？（准备了一个手提袋作为教具。）

生1：袋子里面那个叫空间。

生 2：房子里面叫空间。

生 3：抽屉里面叫空间。

……

【说明：从这些例子来看，学生对空间概念是有认识的，而且是正确的认识。由此可见，孩子们对空间的解释只能用举例来体现才比较合适。】

师：看我这个袋子，里面有什么？

生：套娃。

师：这个袋子的空间是为谁留的？

生：套娃。

师：换句话说，最后是谁占了袋子里的空间？

生：套娃。

师：抽屉里的空间是被谁占有的呢？

生：书包。

师：房子里呢？

生：桌子、凳子、人、电视、电脑……

师：我们发现，我们能看见的东西，都是占有什么的？

生：这些东西都是占有空间的。

师：那么请问，这个袋子占有了谁的空间？

生：教室。

师：抽屉占有了谁的空间？

生：桌子。

师：你能得出什么结论？

生：凡是东西都占有空间。

师：有没有不占空间的东西？

【说明：这个环节中，学生从找空间开始，到得出所有物体都占有空间的结论为止，空间开始被学生理解。】

问题三：空间的属性是什么？

师：（邀请两位身高有显著差别的学生来到前面）同学们，这两位同学的个头谁大？

生：女生大。

师：个头大，本质是什么大？

生：是所占的空间大。

师：所以空间的属性是大小。

【说明：结合物体都占有空间的理解，从个头大小的经验出发，让学生明白空间的属性是大小。】

问题四：空间与面有什么区别与联系？

师：我们以前研究过"面"，面与空间有何区别和联系？

生：面是 2D（二维），空间是 3D（三维）。

师：还有不同说法吗？

【说明：2D、3D 还不是学生们自己关于面与空间的理解。】

师：请大家观察我们身处的教室，空间在哪里？面在哪里？

生：……

师：这个空间中有多少个面？

生：六个面。

师：关于空间与面，我们能得出什么样的结论？

生：面是来分割空间的。

生：空间是由面围成的。

【说明：当学生们发现，面围成了空间这一结论时，空间与面就从混沌状态被区别开来了。而理解了这个区别，就达成了关于空间的理解，也避免了今后数学学习中对面积、表面积与体积的混淆。】

师：今天我们明白了物体都占有空间，我们还明白了空间的属性是大小，我们把这两个"明白"连成一个新的数学知识——体积。请大家连起来读一遍：物体所占空间的大小叫物体的体积。

【说明：在前面三个要点的讨论基础上，这里直接告知学生"体

积"这一名称。】

理解容积

材料：套娃。

师：套娃占了袋子里面的空间，套娃里面有二娃，二娃里面有三娃。

生：三娃里面有四娃，四娃里面有五娃，五娃里面有六娃。

师：五娃和六娃有何不同？

生：六娃里面没有七娃了。

【说明：有的物体只有自己占有的空间；有的物体自己占有一个空间，又为别人留下一个空间。这个认识非常重要。】

师：从大娃到六娃，一个一个娃在变小，原因何在？

生：因为每个娃都从前一个娃的肚子里出来。

师：说明从大娃到五娃的五个娃都有一个内空间。

师：二娃所占的空间是大娃的内空间。

生：三娃所占的空间是二娃的内空间。

师：这种里面能装东西的东西叫容器，具有的内空间被称为容积。

【说明：容积作为概念可以用套娃予以理解，理解后被赋予一个名称——容积。】

练习

判断：下列各种说法，你认为是在讨论体积、容积还是面积？

（1）这个水杯能装 2 升水。

（2）这个水杯已装 2 升水。

（3）这个杯垫太小。

（4）这个水杯最大。

（5）这个杯盖盖不住。

（6）把这个水杯放进另一个水杯里。

【说明：用这些题目巩固对容积、体积的理解。】

结语

一整节课，学生积极性很高，从他们课上的情绪来看，他们很乐意做这样的讨论，参与度很高；而且，他们对体积、容积的理解是十分到位的。因此，用举例的方式让学生来体会概念是一个比较好的办法。

附："体积与容积"课堂实录赏析[①]

一、理解体积

1. 理解空间：什么是空间？

（教师在黑板上书写"空间"两个字。）

师：认识这两个字吗？语文老师带大家认识这两个字的时候是怎么说的？谁能解释一下空间的意思？

生1：空间就是一个地方。

生2：空间就是一个位置。

生3：空间是空隙，可以做事情的地方。

生4：空间是一个空格。

生5：就是上课的这个地方。

（教师连续问多个同学，均回答空间是某个地方。）

【赏析："体积与容积"是小学数学"图形与几何"领域的一节重要的基础性概念课，词典中对"体积"和"容积"两个概念的定义一般为："体积"指物质或物体所占空间的大小，"容积"指容器所能容纳物体的体积。这说明容积的内涵存在于体积的内涵之中，体积的概念是容积的概念建立的基础。由此得出，理解

---

① 本文由浙江省金华市婺城区教师、俞正强名师工作室成员程伊宁在观课后完成。因教学学生不同及文本撰写重点不同，本文实录部分与前文略有不同。这里保持这种不同，以更有益于读者理解。

"体积"和"容积"这两个概念最核心的突破点是"所占空间的大小",即让学生先建立起"空间的大小"这一观念是理解这两个概念的关键。教材中用烧杯、土豆和红薯作为教具,在以往的教学中教师也常用"乌鸦喝水"等故事来导入,目的都是让学生在排水实验中体会"空间"的概念。既然无论如何都会涉及"空间"这个概念,俞老师便在执教这节课时,开门见山地提出"谁能解释一下空间的意思?"这一问题,让学生们从已有的经验层面出发,寻找对"空间"这一词的准确解释。

学生们大多数回答"空间就是一个地方",他们习惯将一个概念用另一个概念来解释,可见他们身处在空间之中对"空间"是有感触的,但是却不知如何准确地解释"空间",这充分表现了学生对这一概念的模糊。那么如何调动学生已有的经验,帮助学生将"空间"从"地方"中分离出来,将"体积"与"容积"区分开来,让原本抽象的概念变得看得见、摸得着呢?】

2. 找空间:空间在哪里?

(教师准备了一个手提袋作为教具。)

师:不好解释,能举个例子吗?在现场找个例子,空间在哪里?

生1:这个墙和那个墙之间的就是空间。

师:谁能找个跟他不一样的?

生2:袋子里是个空间。

生3:抽屉里面。

师:抽屉里面是什么?抽屉里面有空间吗?

生4:有!铅笔袋。

师:铅笔袋里面是什么?

生4:空间。

生5:整个房子里。

(教师板书:里。)

师:房子里、袋子里、抽屉里,我发现凡是空间都是里面的,是吗?

生:是。

生6:操场也是一个空间。

【赏析：在与学生交流空间是什么时，俞老师摸清了学生对"空间"理解的现状，用问题"不好解释，能举个例子吗？在现场找个例子，空间在哪里？"，引导学生用他们熟悉的举例子的方法来进一步明确"空间"这一概念。材料是学生们熟悉的，内容也是学生们熟悉的，这样一来学生自然而然地投入这节数学课。从学生举的例子来看，他们拥有对"空间"概念的正确理解，但目前对其的解释只能停留在举例子阶段。】

3. 谁占了空间：空间是为谁准备的？

（教师准备的手提袋中装着套娃。）

师：看我这个袋子，里面有什么？

生：套娃。

师：袋子里有没有空间？

生：有。

师：这个袋子的空间是为谁准备的？

生：套娃。

师：换句话说，最后是谁占了袋子里的空间？

生：套娃。

（教师板书：套娃占空间。）

……

师：一眼看去，我们所能看到的东西，都是占有什么的？

生：这些东西都是占有空间的。

师：那么请问，这个袋子占有了谁的空间？

生：教室。

师：抽屉占有了谁的空间？

生：桌子。

师：你能得出什么结论？

生：凡是东西都占有空间。

师：有没有不占空间的东西？

生：没有。

【赏析：为了使学生进一步感受这个看似很难下定义的"空间"，俞老师用

"空间是为谁准备的?""占有了谁的空间?"等问题,变着花样引导学生们发现一个物体当中的空间可以被另一个物体占据,并使学生在与老师的轻松对话中得出了"凡是东西都占有空间,没有不占空间的东西"这一结论。】

4. 空间的属性:空间的属性是什么?

(教师邀请两位身高差别显著的学生来到讲台前。)

师:同学们,这两位同学谁的个头大?

生:女生个头大。

师:个头大的本质是什么大?

生:所占的空间大。

师:谁占据的空间比较大?

生:女生占的空间比较大。

师:(指男生)他是节约型的。我们发现,他越大,占的空间越大;他越小,占的空间越小,那么空间的属性就是什么?

生:大小。

师:所以空间的属性就是大小。所有物体都占有空间,这个世界是多么无私,你想长多大就长多大,你想长多高就长多高。(指男生)你要努力长大。

【赏析:从上一个问题我们知道了凡是东西都占有空间,那么他们占的空间有什么不一样呢?俞老师通过邀请班上的两位学生,从学生的个头大小对比中直观地展示出所占空间的大小。对话中充分展现了俞老师的教学机智——朴实又不失幽默地引导学生去感悟"空间是什么""物体都占有空间""物体所占有的空间有大有小",从而使学生对空间的属性是大小有了直观的感受。】

5. 空间与面:空间与面都有大小,它们的差别在哪里?

师:我们可以用哪个词来描述空间?

生:大小。

师:可以用什么词来描述面积?

生:大小。

师:它们都有大小,它们的差别在哪里?

生1:面是2D(二维),空间是3D(三维)。

师：你来找一个3D的例子，再找一个2D的例子。

生1：盒子是3D的，屏幕是2D的。面积占空间的，空间不占面积的。

师：还有不同说法吗？

生2：面积有单位，空间没有单位。

师：空间是怎么来的？（指天花板）看这边，是什么面？

生：上面。

师：看这边，是什么面？

生：左面。

……

师：这些都是面，6个面里有什么东西？

生：空间。

师：空间是怎么来的？

生：面围成的。

（教师出示手提袋。）

师：我这个袋子是由几个面围成的？

生：5个面。

（教师吹气球。）

师：我把气球越吹越大，它占的什么越来越大？

生：空间。

师：关于空间与面，我们能得出什么样的结论？

生3：面是来分割空间的。

生4：空间是由面围成的。

师：今天我们明白了物体都占有空间，我们还明白了空间的属性是大小，我们把这两个明白的知识连起来，就成了一个新的数学知识——体积。请大家连起来读一遍：物体所占空间的大小叫物体的体积。

【赏析：这一部分主要解决的问题是"空间是怎么来的？"。笔者发现，只要学生提出了相对抽象的概念，俞老师都会巧妙地引导学生举例来说明，将抽象转化为具象。在说明空间与面的区别时，俞老师通过举例教室这个空间由6个面围成，手提袋由5个面围成，使学生顺势得出"空间是由面围成的"这一结论，面和空间就从概念上被区分开来了，这同样也是对数学学习中"面积""表面积"与"体积"概念区分的一个铺垫。在这一环节的最后，俞老师帮助学生理解了物体都占有空间、空间有大小之后，将这两个知识点连在一起，形成对"体积"这一概念的完整表达，带领学生一起边读边感悟"物体所占空间的大小叫物体的体积"。课上到这里，已经解决了课题内容的一半——什么是体积。】

二、理解容积

（教师出示手提袋里的套娃。）

师：套娃占了袋子里面的空间，套娃里面有二娃，二娃里面有三娃。

生1：三娃里面有四娃，四娃里面有五娃，五娃里面有六娃。

师：五娃和六娃有何不同？

生2：六娃里面没有七娃了。

师：好，同学们，大娃里面有二娃，说明大娃里面有……

生：空间。

师：大娃里面的空间是为谁准备的？

生：二娃。

师：二娃里面也有空间对不对？二娃里面的空间又是为谁准备的呢？

生：三娃。

师：三娃里面的空间是为谁准备的？

生：四娃。

……

师：同学们，你们发现没有？除了六娃，其他娃都给别的娃准备了一个空间。从大娃到六娃，一个一个娃在变小，原因是什么？

生3：每个娃都是从前一个娃的肚子里出来的。

师：说明从大娃到五娃的五个娃都有一个内空间，二娃所占的空间是大娃的内空间。谁接着说？

生4：三娃所占的空间是二娃的内空间。

师：这种里面能装物体的物体叫容器，它们所具有的内空间我们给起一个名字就叫作容积。

【赏析：俞老师用套娃形象生动地为学生解释了有的物体只有自己占有空间，而有的物体自己占有了空间，还为别人留了一个空间。这个认识为后面"容积"概念的理解以及"体积"与"容积"概念的区分做了认知上的准备。

这种"娃中娃"的实物展示更直观地让学生感受到，一个物体所占空间的大小被称为"体积"，而这个物体为另一个物体准备的空间被称为"容积"，同时也更容易理解"容积"和"体积"的包含关系了。到此为止，本节课的重点内容已经落实完毕，让人感觉既生动有趣又收获满满。】

三、练习巩固

判断：下列各种说法，你认为是在讨论体积、容积还是面积？

(1) 这个水杯能装 2 升水。

(2) 这个水杯已装 2 升水。

(3) 这个杯垫太小。

(4) 这个水杯最大。

(5) 这个杯盖盖不住。

(6) 把这个水杯放进另一个水杯里。

【赏析：俞老师一如既往地使用最简单的材料进行变化，这也是一种对举一反三能力引导的体现。将面积、体积以及容积的知识融入对水杯的描述，让学生及时感受习得的抽象的数学概念与生活的联系，解释生活中常见的现象，能够学以致用。使学生在看似相似的信息中准确捕捉到不同，并进行分析和判断，将平面与空间再次通过实物描述进行区分，不仅是对学生知识习得的检验，更是对学生综合学习能力和迁移能力的培养，帮助学生进一步巩固了对容积、体积的理解。】

"高的认识" 教学设计

给三角形画高一直是小学生图形学习中比较容易出错的地方。"高" 是一个学生在生活中非常熟识的概念，他们对高具有丰富的生活经验，但到了数学学习中，发现部分学生十分难理解它，以致影响他们对小学数学的学习。下面就独立将高作为一课时来探讨对高的认识。

讨论一：高是多少？

出示材料：

问：这棵树有多高？高几厘米？怎么量？你认为下图从树顶到 A、B、C 三点连线中哪条是高？

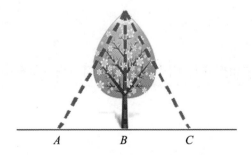

问：现在这棵树有多高？高是从哪里到哪里的长度？（见下页图）

问：从正变斜，树的高度有变化吗？你能量吗？

讨论二：三角形的高

1. 钝角三角形

（1）分别展示。

先出示两个图形：

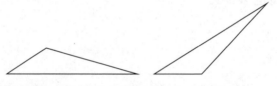

问：这两个图形中哪个图形比较高？高多少呢？

再出示第三个图形：

操作：将这三个图形合在一起，大家发现了什么？（一样大。）

问：为什么同一个三角形，高却有三条呢？（不同摆法，三条边有三种贴地摆法。）

练习。（略）

（2）聚拢整合。

出示一个三角形（见下图），要求在同一个三角形中画出三条不同的高。

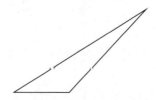

2. 锐角三角形

让学生拿出自己准备的锐角三角形。(见下图)

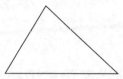

问:一定有三条高,能找出来吗?与前面一个三角形有何不同?

3. 直角三角形

前面讨论了两个三角形,再来第三个。(见下图)

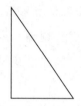

问:这个三角形有几条高?它们有什么不同?

小结。(略)

讨论三:四边形的高

1. 平行四边形

出示图形:

问:平行四边形的高有几种不同的表示方法?

2. 梯形

出示图形:

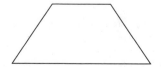

课外思考：梯形的高有几种不同的表示方法？

附："高的认识"课堂实录与评析①

一、实录与评析

1. 从树高到树长

上课伊始，俞老师利用投影仪出示图①，问："哪条线段是树的高？从哪里到哪里才算是高？"学生一致认为 l_2 是高，高应是从树最高的地方到地面且要垂直。

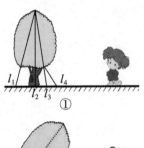

接着，俞老师拿出一个树形图片并贴在黑板上（见图②），提问："刮台风，树歪了，跟原来的比，树变高了，还是变矮了？"

有些学生说变矮了，有些说没变，各种声音慢慢地统一成"没变"，只有一个学生说变矮了。俞老师请那个说变矮的学生上来说理由。

生1：（指着树冠到地面的距离，见图③）这里短了。

教师请认为没变的学生说理由。

生2：树高没变，它没被锯掉，只是倒了。

师：大家评论一下，支持哪个观点？

生：（整齐地）没变。

师：现在请你从这个小朋友的位置去看一看，本来摸树顶容易，还是现在容易？原来多高，现在多高？变矮了没有？

---

① 本文作者为浙江省温州市教师教育院的吴春。因教学学生不同，此课实录与前文教学设计略有不同。

学生迟疑，有些说变了，有些说没变，声音参差不齐。

师：（用夸张的声音，边讲边用树形图片在黑板上演示）风更大了，树更歪了。

生：（笑）跟人一样高了。

师：（继续用夸张的声音，并用手慢慢将树贴近地面）风更大了……

生：（大笑）倒了，倒了。

师：还有高度吗？

生：没有。

师：树的高变成什么了？

生：（整齐地）树长。

【评析：学生在生活中是知道高的，比如和爸爸比身高、手中铅笔的高、楼高等。他们脑海里的高的形象是铅直的，总与水平线（或地面）成直角，因此在他们脑海里树高与树长是一体的。俞老师利用学生已有的生活经验和知识基础建立起高的具象——"从树的顶点到地面的垂线"，又很巧妙地利用"树倒了"的具象，让树高与树长分离，这个"分离"的过程就是概念精确化的过程。在这个过程中，俞老师匠心独具地"让高走出来"，为画钝角三角形的高搭建模型。】

2. 从树到三角形

建立起高的具象后，俞老师在黑板上依次贴上钝角三角形纸片（见图④）和锐角三角形纸片（见图⑤），提问："三角形有高度吗？从哪里到哪里？你能画吗？"

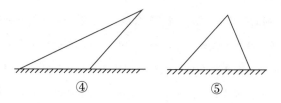

④   ⑤

俞老师请学生上来用三角板在黑板上画，学生很顺利地完成任务。俞老师总结：不仅树是有高的，三角形也是有高的，三角形的高是从顶端到地面的垂直线。接着学生做练习纸上的第一题：画出下列三角形的高。（见图⑥）

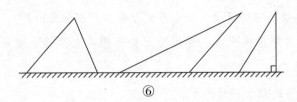

⑥

大部分学生很愉快很顺利地完成了任务。但课堂中出现了这样一幕：一个小女生把高线画歪了，俞老师让她用投影仪向全班同学演示她是怎么画的（见图⑦），然后俞老师说："难怪你画不准。"帮她订正后，又让她画直角三角形的高。那个小女生起先把三角板摆歪了（见图⑧），然后在教师和同学的帮助下，一点一点把三角板移到正确位置。

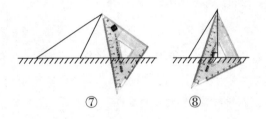

⑦　　　　　⑧

接着，俞老师和那个小女生有这样一段对话：

师：你为什么刚才不放过去？

生：怕……怕错了。

师：她发现一个奇怪的现象——这个三角形的高就是三角形的边。她不相信，所以放过来一点点。（拍着小女生的肩膀对她说）你不要管它，只要考虑从最高点到地面就可以了。

【评析：从树到三角形，从树高到三角形的高，符合学生的认知顺序，知识和情感在课堂中毫无滞涩地流转。尤其是课堂中俞老师和那个小女生的交流，给人印象很深。首先，俞老师关注目标的落实，准确地抓住学生的薄弱点；其次，俞老师关注全体学生，虽然当时的课堂中，大部分学生已经顺利完成任务，但总还有个别学生挣扎在"知与未知"的边缘；最后，对这个小女生而言，在这节课中，她从最初的不会画、怕错，到后来的会画且不再怕，我想她得到不仅是知识，还有勇气和信心。而在这个过程中，其他学生不仅学到了具体的知识——如何准确地画高，直角三角形的高是特殊的，还学到了怎么对待暂时落后的同伴。温暖的教育能传递带有温度的知识，这样的知识会更久地留在学生心里。】

3. 从地面到对边

俞老师擦去黑板上代表地面的短斜线，用夸张的语气说："同学们，现在问题严重了，三角形没地了，没地了还有高度吗？底下这条边当地，其他边能当地吗？"学生大部分先说不能，然后马上改口说能，很肯定地说能。俞老师说："那你当给我看看。"俞老师让学生做练习纸上的第二题：画出下面三角形的高。（见图⑨）

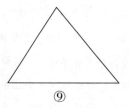

⑨

俞老师展示一个学生的作品（见图⑩），问学生："这是拿哪条边当地面的？怎么当地面？转一下是吗？"俞老师边说边转动纸。这时有一个学生说："可以正着画。"老师让他到黑板上来

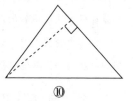

⑩

画。学生一下子找不到方法了，其他学生在笑。俞老师问："他在自己纸上可以，为什么在黑板上不可以？"其他学生边笑边说："纸可以转，黑板不可以。"俞老师问："黑板不能像你们的纸那么好转，怎么办？"学生纷纷举手，那个学生又举手，俞老师再次请他上来演示。那个学生犹豫片刻，开始尝试摆放三角板，在不断调整中终于找到了准确位置，师生一起鼓掌。

【评析：这个片段，从"有地"到"没地"，是一个强烈的刺激，让学生头脑中产生了从"无"到"有"的思维的飞跃：没有地，可以把边当地；这条边可以当地，那条边也可以当地；正着不能当地，倒过来可以当地，不用倒也可以当地。从依赖到独立，从举一到反三，从正向到逆向再到正向，收获的不仅是知识，还有顿悟的快乐、创造的激情。】

4. 从黑板到课本

师：我们刚才花了半个小时学习高，现在请大家把数学书拿出来。（带着学生一起看书，像聊天一样对话着）今天上什么内容？

生：（整齐地）认识三角形。

师："画一个三角形"，我们就不画了。"说一说三条边"，有没有不会说的？

生：（整齐地）没有。

师：你怎么知道没有啊？

生：（有个别学生在下面小声地说）这个问题太弱智了。

就这样，俞老师带着学生边看书边聊边读，学生知道了三角形的定义、高的定义、三角形的表示方法、三角形的三边与三角。

【评析：很多老师总觉得课本上出现的内容都是新内容，不教不放心，因为所有内容都要讲，只能平均用力，甚至舍本逐末。实际上，"教材"也是"学材"，利用得当，相当于老师的小助手。一些内容放手让学生自学，既给重要内容留出时间，也培养了学生的自学能力。在这个片段中，俞老师抛开"弱智"的教法，大胆地用十分钟不到的时间完成了其他老师可能要用半个小时才能完成的内容，学生在智力的快车道上开心地奔跑。把孩子当聪明人教，会越教越聪明，反思我们的一些做法，真的是把孩子教笨了。】

二、回顾与思考

再次回顾俞老师的课堂，似乎这位智者在娓娓地告诉我们：

（1）让知识自然地建构，在学生头脑里找到你的助手。人类在进化的漫长过程中，逐步累积对周围世界的认识，这些认识储存在基因中，代代传承，使人类可以更好地适应周围的世界。因此，每个人的头脑中，都有一个至少活了五万年的大教育家。课堂中，学生开始接触某一知识，这个教育家就开始工作了，这属于"首次教育"，而老师的教育属于"二次教育"。如果二者相融互补，学生不仅学得轻松，还能顺利建构知识；如果二者背离冲突，势必会使学生的头脑里产生混乱、矛盾，此时不仅事倍功半，还会在学生心里埋下厌学的种子。因此，教学中，老师需要敏锐地知道学生的"知道"，在此基础上把原来的"知道"改造成"知识"就可以了。在这节课中，把树高改造成三角形的高，把地面改造成对边，这两个改造实现了生活常识与数学知识的无痕对接，新知就自然地建构起来了。而通过这样路径得到的知识鲜明生动，容易提取。

（2）让学生安心快乐地学习，在学生心里找到你的助手。马斯洛的需求层次理论把人的需求从低到高分成生理需求、安全需求、爱和归属的需求、尊重和自我实现的需求，只有满足了低层次的需求，才会产生高层次的需求。我们的一些学生在课堂上常常缺乏安全感，怕犯错、怕失败、怕被嘲笑，带着恐惧的心情学习，效果肯定不好。而营造课堂安全氛围的一个有效手段就是关注学困生，一方面学生会变得不怕失败而勇于尝试，另一方面学生也会学着照顾班级里的弱势群体，成为老师的帮手，何乐而不为呢？

（3）让能力稳步提升，在学生的课本里找到你的助手。现在的课堂中，很多老师离不开多媒体，课本上的内容都搬到了屏幕，教师对课本关注程度的降低，减少了学生与教材接触的机会。遗弃课本这个教学之本，使教学成为无源之水，学生获得知识的途径大多是教师讲解以及课后大量的练习——这样的学习方式不仅使学科知识的整体性和系统性遭到肢解，而且导致学生的数学语言能力、自主学习和探究能力变弱。俞老师这节课能在后面不到十分钟完成其他老师可能需要半小时才能完成的内容，借助的就是课本这个助手。

作为教师，每天需要面对的教学任务烦琐单调，所幸我们可以找到很多助手；专业成长之路漫长遥远，所幸我们有智者领路。但愿每位教师都能在自己的工作中找到快乐，但愿你的快乐能成就更多孩子的幸福。

种子课例

"圆的认识" 教研实录
——记俞正强名师工作室活动

俞正强：介绍多个版本如何话 "圆"

为大家介绍四种版本的 "圆的认识" 教学设计。（见下表）

教学方案	A	B	C	D
教学环节	1. 找圆心； 2. 认识圆各部分的名称，认识半径、直径及其关系； 3. 用圆规画圆； 4. 看看生活中的圆，去解释为什么生活中需要圆； 5. 小结	1. 做游戏：怎么样套圈比较公平，引入课题； 2. 用老师提供的材料画圆； 3. 用圆规画圆； 4. 认识各部分名称及其关系； 5. 用圆规画定圆； 6. 小结	1. 讨论圆到底是几边形； 2. 用老师提供的材料画圆； 3. 用圆规画圆； 4. 认识圆的各部分的名称； 5. 用圆规画定圆； 6. 小结	1. 用圆规画圆，介绍画圆经验； 2. 读书，理解掌握圆各部分的名称及关系； 3. 用圆规画定圆； 4. 不用圆规画圆； 5. 小结

我们梳理一下这个版本 A。

环节一：找圆心。

环节二：认识圆各部分的名称，认识半径、直径及其关系。

环节三：用圆规画圆。

环节四：看看生活中的圆，去解释为什么生活中需要圆。

环节五：小结。

我再来讲一下版本 B。版本 B 是这样的：

环节一：做游戏——怎么样套圈比较公平，引入课题。

环节二：用老师提供的材料画圆——给孩子一个信封，信封里面有一些工具。

环节三：用圆规画圆。

环节四：认识各部分名称及其关系。

环节五：用圆规画定圆。

环节六：小结。

还有版本 C 是这样的：

环节一：他把游戏取消了，直接讨论圆是几边形——

我们学了几边形？提供的辅助素材就是正三边形、正四边形，然后正五边形、正六边形，一直正下去是什么图形啊？圆形。那讨论一下圆到底是几边形。

学生会有两种解释：一种解释就是圆是无数边形，还有一种解释就是圆是一边形。无数条边是直边，一条边是曲边。这样的讨论能够让学生们意识到无数条直边变成了一条曲线，渗透了化直为曲的思想。

环节二：用老师提供的材料画圆。

环节三：用圆规画圆。

环节四：认识圆的各部分的名称。

环节五：用圆规画定圆。

环节六：小结。

我们再来讲讲版本 D——有一百个读者，就有一百个哈姆雷特，所以教学方案版本有很多。其实每一节课都是有价值取向的。我们到底是在追求什么价值？讲完这个版本后我们再进行讨论。版本 D 是这样的：

环节一：用圆规画圆。

讨论一：谁画的圆最好看？讨论二：介绍你是怎样把这么好看的圆给画出来的。讨论三：你画圆的经验是什么？你为什么能画得那么大？你为什么能画得那么小？你为什么能画得那么光滑？别人为什么就画不出来？画不光滑的原因何在？那么大、小、光滑是怎么画出来的？学生介绍经验后得出：第一，针尖不能动。第二，脚距不能动。圆的大小是脚距定的，脚距动了，滑动起来就不光滑了。第三，用手。手用力的时候一定要轻轻偏向于那个针脚，而不是那个笔脚，但也不要太斜过来。这样去画就会光滑起来，这样我们就能够把圆给画好了。

环节二：读书。对应圆里面各部分的名称后，就会发现这个针叫圆心；这个脚距叫半径（r）；然后两个脚距叫直径（d），d 等于 $2r$。

环节三：用圆规画定圆。请学生画一个 r 等于 2 厘米的定圆。

环节四：不用圆规画圆。现在圆规没了，同学们还能画一个圆吗？如果实在没有办法，看看老师给大家准备的材料。

环节五：小结。

我们看看版本 D，它的基础知识是在哪里教的？环节二就是在教基础知识。它的基本技能是在哪里教的？环节一、三、四就是在教基本技能。那么它有趣的地方是在哪里呢？

下面，我们对前面的这四个版本发表评论，请你来分析这些版本，它们所体现的价值取向是什么。如果认为价值取向不明显的话，那么请从自己的角度解读一下，喜欢的版本是哪个，理由是什么。

学员甲：以经验为起点，让思维更开阔

刚才俞老师介绍的这四个版本中，从我个人观点来说，我最欣赏版本 D。

这个版本的特点体现在让学生介绍画圆的经验这一点上。这个经验是学生的起点，学生已有的生活经验让他们在介绍的过程当中能够提炼出一些关键词，从而把实际物体和我们数学上的这些名称自然地对接起来。也就是说，将学生的生活经验和我们的数学经验进行无缝对接，基于学生本身的生长起点的教学才更容易为学生所接受。

第二点是，"读书"这个地方就是读知识，而知识有的是要带领学生们去探究的，有的是不需要，可以直接给他们的。在这个地方，关于圆心、半径、直径这些名称完全不需要让他们探究，完全可以直接给出。

和前几个版本不同的地方在于，它一开始先让学生去尝试，尝试完之后再引到圆规当中来。其实就是撇开了我们需要借助的外在的工具，让学生进一步去体会圆的本质属性。

如果说在前面的这些环节当中学生已经厘清了圆的基本特征，那么即使离开了圆规这个工具，只要有定点定长，他们也完全可以做到借用其他工具来画圆。这样，学生的思维就不仅仅局限于使用圆规，应该说这个时候学生的思维就完全被打开了。

这种是理念上的不同，是以学生为本或者说以学定教的方式。像这样给孩子在课堂当中实践的路径会让他们感受更充分，比如说第一个环节就是孩子原有经验的积累。

学员乙：主次如何定？

昨天版本 A 的设计老师把说课稿发给我后，我就问她试图解决什么样的问题。她认为的本课的重点恰好就是版本 D 里最不重视的点。那么她是怎样理解的？她认为本课在学习了点、线、面的基础上学习"圆的认识"，她所尝试的是引导学生去探索发现圆的圆心、半径、直径等相关知识。她认为本节课的重点不是这个知识的结果，而是探究的过程，至于怎样画圆，在她的这节课里属于次要问题。

版本 D 和她的思路则刚好相反。版本 D 的重点是画圆，通过画圆的过程理解圆的相关知识。我现在主要就是针对这个问题向俞老师请教，版本 A 所认为的引导学生探索圆的知识是重点而不是画圆的这个认识，是否符合学生的认知规律？

俞老师深入正解一：从学生角度思考课要有趣

这几个版本有什么差别？这一节课的教学目标是什么？

基础知识就是了解圆的各部分的名称，基本技能就是画圆——画定圆。这一节课始终要抓住两个东西：一个就是基础知识——圆心 O、半径 r、直径 d 和圆周、圆内、圆上、圆外，以及 r 等于 $\frac{1}{2}d$、d 等于

2r。这是基础知识，必须要教给学生。另一个就是基本技能——画一个定圆。

基础知识和基本技能永远是我们要做好的，因为任何一节课我们都要记住，知识要扎实正确，技能也要扎实正确，这是前提。此外，我们要考虑让过程变得有趣一点。这样，我们设计一节课就有两个维度：第一是要把基础知识、基本技能做扎实，第二就是要把过程变得有趣。那么我们现在来对这四个版本做个比较，你觉得哪个版本更有趣一点呢？

我们先看版本 A。老师问学生在这个圆里面能画出最长的线段吗？那么通过画，学生会发现一定是经过圆心并且两端都在圆上的线段最长，这样他的体验就很深刻了。是不是有道理？很有道理啊！但是学生要问老师为什么要去画那条最长的线段呢？你想过这个问题没有？你的目的很明显，就是找一条最长的线段，它叫直径。就这么两句话很容易讲明白，但对于学生来讲他会觉得干吗要去画呢？目的何在？对任何一个活动、任何一个行为在设计时都要去考虑：学生愿意做吗？还有，六年级的学生基本上明白对折圆后的这条线段一定是最长的，这已经是不需要找的问题了。所以我们在想问题的时候要去思考：学生愿意做吗？我们一定要去思考：学生会怎么想？这个指令下去能不能提起学生的兴趣？不要我们自己做得很起劲，而学生的兴趣却提不起来。

我们再来看一下另外几个版本。教材先安排游戏导入——套圈游戏。你觉得这个游戏学生喜欢吗？大家有没有思考过，老师和六年级的学生说"我们来玩套圈比赛"，他们会觉得这个游戏有趣吗？另外假设你是班长，你带领大家去套圈，你会叫他们围成圈扔吗？以你对学生的了解，会吗？他们会采取什么策略？固定位置轮着去扔。他们不会围成一个圆去套，而是一定会排成一排轮着扔的。那么，你说这个游戏学生会觉得有意思吗？没有学生会站到正方形的四个角套圈的，也没有学生会围成圆套圈的。所以这个游戏学生根本不当回事，他们只是不好意思在我们面前说而已。我们问站到长方形的四个角套公平吗？不公平，那怎么办？正方形。再怎么办？圆形。能体会吗？其实这就是我们很无聊地在做着一件自以为有趣的事情。

所以我们要去思考学生在进入课堂的时候最想干什么事情。他们上这节课是带着圆规来的，昨天晚上他们可能是买过圆规的吧？昨天晚上买了圆规后他们肯定干过什么事情，肯定很好奇要拿去画一下。所以学生一定知道这个圆规是用来画圆的。这没有人不知道！然后老师让学生来画一个圆，他们马上想去拿圆规；但是你说不准动，要用老师提供的材料，他们摸出来一看——一根线。他们会觉得，怎么提供了针线活儿的东西，真是无趣。这就是我们书上的流程，提供的可以说是无趣的材料。

画得好吗？学生画不好的话怎么办呢？他们要用到圆规了。但这个时候，他们的新鲜感被磨得消失殆尽，让他们觉得累了。再等到游戏进行完，摸一摸圆规，再来用圆规画的时候，一件很有趣的事情就变得无趣了。大家明白吧，所以说教书一定是个学问。

版本 D 一开始给学生们一分钟的时间画圆，然后让他们秀一秀，看谁画的圆最好，谁画的圆最多，谁画的圆最美丽；也把最难看的拿出来秀一秀。他们很高兴。为什么画不好，画得不好让人笑；画得好的很光荣，然后请他们介绍经验：怎么画能画好。那个学生为什么画得不好？他那个圆怎么就扁了呢？他这个圆为什么并不拢了？你的圆为什么画得那么好呢？学生们就介绍了：他画着画着脚距就变大了，所以啊，要画圆，脚距要固定。还有那个脚尖必须固定。所以有"两个固定"：固定一个尖，固定一个距——一定要把这两个固定牢。此外，这个手要有点巧劲。这三方面把握好了，你就一定能画好圆了。然后让大家再来画一遍圆，看大家都画漂亮没有。学生们会很高兴的，因为这符合他们的需要了。

那老师接着问："今天画的是什么呢？"学生们说："圆。"老师说："今天我们来学习圆的知识。那么圆有哪些知识呢？请大家翻开书本读一读。……圆的知识就是这样，这一个叫圆周，这一个叫圆心，圆周内叫圆内，圆周外叫圆外，圆周上叫圆上。圆心和圆上一点相连，叫半径；过了圆心到圆上，叫直径。同学们，这个圆心就是我们前面用的针尖，这个半径就是我们用的脚距。两个脚距是什么啊？是直径。简单不简单？很简单。"

"好，现在我们提高水平了，画一个半径等于 2 厘米的圆，怎么办？同学们要先确定什么？脚距多少？2 厘米。试试看谁画得最好。"画好之后，要求学生写上圆心，标明 r 等于 2 厘米，就这样，基本技能落实了。整节课都在画圆，学生的技能很熟练了，基础知识也掌握了。

俞老师深入正解二：从学生角度思考课要有序

就整个教学过程来看，大家发现没有，版本 A、B、C 的过程是一样的，都是人类关于圆的知识的进化过程。人类是不是从没有工具开始的，然后到制造工具？这个流程吻合的是人类的学科知识的发展过程。

版本 D 吻合了什么呢？它吻合了学生的心理过程。版本 A、B、C 吻合了我们老师讲解的过程。我先讲圆心，再讲圆心到圆上，然后再讲经过圆心到圆上。大家发现没有，因为要讲半径必须讲圆心，所以是先讲圆心，再讲半径，再讲直径，再讲关系。这样是不是很有秩序？但这是老师讲解的序，根本没有管学生怎么想，这是学科发展的秩序，符合老师的知识讲解过程。所以这样上是条理清楚、知识扎实的，应对考试完全没问题，但是，它不符合学生需要的序。当基础知识和基本技能放在一起的时候，版本 A 的老师的思路也是对的，就是先完成基础知识，再运用基础知识去掌握基本技能。是不是这样？

版本 D 在让学生画的时候其实已经在让学生体验什么叫圆心，什么叫距离。只是当时还没有叫半径，没有叫直径。其实在教技能的时候，知识已经蕴含其中了，所以你要看是两件事情并起来教比较好，还是分开来教比较好。想明白了这就叫效率。所以乙老师把你的症结问出来了，以后要考虑怎么去备课，因为有很多时候事情先干和后干是不一样的，在技能中蕴含着知识，然后知识就能很简单地被掌握了。

俞老师深入正解三：从教师不同的发展阶段进行教学设计

就像一个苹果，一定是从青涩慢慢地走向甘甜的。我们不要去问版本 A 好不好——一定是好的，因为这是目前她所想到的最好的办法。所以这四个版本都可以，大家再弄一个版本 E 也可以。世界上真的没有说哪个版本是完美的，每一个版本都应该是有缺陷的。所以大家发现没有，全部的美丽都是有缺陷的美丽。等到找到完美的时候，也意味着我们就不存在了——我们永远都是有一些缺陷的。

所以版本 A 是有缺陷的，但是它很适合老师讲，它不需要准备信封，信封里面也不需要放那么多材料。这里面最基本的版本是 B，它是教材的版本。版本 C 是参考资料上的版本，有自己的想法，也很到位。那么版本 D 呢？它是属于那种很体谅学生的。

大家有没有感觉到上课真的不是一件那么简单的事情？我们刚才在分析的时候就已经渐渐进入它的价值分析了。我们分析了 A、B、C、D 四个版本，然后大家要从自己的角度出发，去选择适合自己的，这就像是在采撷天上的云，做成自己的衣裳。

我们不一定按版本 A 上，也不一定按版本 C 上，也不一定按版本 B 上，就是要采撷你的云做成你的衣裳，选择适合你的，那就是对的。一个优秀的老师不会墨守成规、按部就班，而更多的时候要学会修改，多去思考，多从学生的角度创设情境，确定教法。只有不断深入地去钻研教材，才会有与众不同甚至出其不意的收获。

数的认识：数感是如何培养的?

在小学数学学习中，关于"数"的认识，是一个贯穿始终的认识。一年级入学始，即认识数；到六年级终了之前，还是认识负数、百分数。因此，数的认识，是一个十分有价值的研究对象。本文试着对此做些论述，看是否有利于我们改善孩子们的学习。

整数、分数与小数的差别

所谓知识，就是人脑对客观世界进行解读的结果。物有多种属性，其中一个属性谓之个数，人要对物的个数属性进行描述，就有了数，即所谓的计数。

世上的物就其完整与否而言，可以分为整的物与非整的物。整的物的多少就用整数来表示，而非整的物的多少就用分数来表示。

就对物的多少表示而言，数学里有整数和分数就已经能解决问题了。那么小数呢？显然，小数的地位与整数、分数是不可同日而语的，小数只是分母为 10、100、1000 的分数的另一种形式，是分数的一种方便。

所以，我们在组织学生认识整数、分数与小数的时候，轻重先后是有差别的，这种差别就是人的感觉，我们可以称之为"数感"。

数的认识内容分析

数的认识，认识些什么东西呢？我们以"负数的认识"为例，来讨论认识的具体内容。

负数作为一个知识内容，有显性部分，也有隐性部分。显性部分即我们平常所说的基础知识、基本技能，隐性部分即我们平常所说的基本思想、基本活动经验。

从一个教学执引者的身份来谈这些，我倾向于从教学把握的角度将这些内容概括为需要在课堂中落实的知识点、技能点与体验点。

知识点是我们可以用语言讲明白的，比如这个数怎么读、怎么写。

技能点是我们可以通过训练来让学生掌握的，比如会读、会写。

体验点是我们没法用语言讲明白，也没法用行为来操作，只能通过一组材料让学生经历、有所感悟的。

就负数而言，对知识点与技能点大家都是清楚的，值得讨论的是它的体验点。我们在这个认识过程中，要让学生体验什么呢？

前面我们在关于整数、分数与小数的讨论中提及，数是反映物的个数属性的。比如 2 是指向于两个物体或指向于第二个物体的，这种反映具有绝对性。但到了负数这一内容，数表示的不再是物的个数，而是物所处的状态了——当表示状态的时候，都是相对于"0"而言的。因此，数就有了相对性。

这就是通常所说的"数感"。

这种数感能用语言来告知吗？如果我们试着告知学生："同学们，从这节课开始，数不再表示物的多少，而表示物的状态了。"学生能明白吗？

因此，这种明白，只能通过材料来让学生经历其中，明白这些他们自己也无法明确用语言表达的"明白"，即所谓的数感。

整数的数感内容

整数，在小学数学中通常分为三个认识阶段——尽管不同的教材之间会有些许差别，但大体相同。基本体现为这样的编排：

（1）20 以内数的认识。

（2）百千数的认识。

（3）较大数的认识。

认识什么呢？数的读法、写法，数的表示意义，这是显性的，每一个认识阶段，都不外乎这些内容。但是，我们在教学中，要特别重视，各个知识内容中的体验点是不同的：

对 20 以内数的认识，我们要让学生体会到数和数字的不同。数字是用来表示数的，这话不能说，一说就会把学生说蒙，但他们会有体会，这种体会会有利于学生在四年级的时候理解用字母表示数。

对百千数的认识，我们要让学生体会到位值的意思。位值的体验必须与满十进一联结在一起，没有满十进一的体验就不会有位值的体验。

对较大数的认识，我们要通过数级这一知识来让学生体验数的无限性。

我们将三个阶段的认识做如下整理：

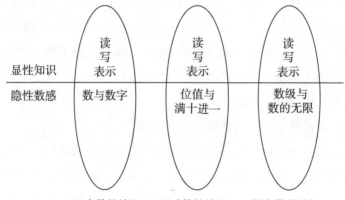

	读写表示	读写表示	读写表示
显性知识			
隐性数感	数与数字	位值与满十进一	数级与数的无限
	20以内数的认识	百千数的认识	较大数的认识

从上图中我们可以看出，显性知识基本是一致的，即数的读、写与表示；而数感部分是完全不一样的，是关于整数的数感培养的三个有机组成部分。

数感培养的种子课盘点

（1）"整数的认识"。学生们体验到数是用来表示多少的，不论基数与序数，都只是数的多少而已。在"整数的认识"中，特别要注重学生对位值的理解，学生有时把二十六写成206，原因就在于对位值的感觉没有建立起来。加减法中，学生对进位加法、退位加法难以掌握，其原因也在此处。

（2）"倍的认识"。学生们的数感有了原来基础上的第一次突破，即数由原来的表示一个对象的多少发展到了表示两个对象之间的多少的关系，这次突破是非常重要的，也是很难的。在小学中有许多学生看到倍就是乘，导致许多关于倍的问题解决发生困难，这个问题以及分数问题解决中关于分率的困惑，都源于这一节课中数感培养的缺失。

（3）"近似数的认识"。在"整数的认识"与"倍的认识"中建立起来的数感，不论是表示一个对象的多少还是表示两个对象之间的关系，这个数都只是一个确定的点。到了近似数，一个数不再表示一个点，而是表示一个区间，或者说一条线。即原来的10只表示10，到了近似数这一内容时，10表示从5到14。这种数感对于学生而言是新鲜而又困惑的，数的表示能力大大增强。在小学里，学生普遍不喜欢估算，其原因在于这一课时中数感培养的不足。同时，数是一个点的感觉，正是从数像一条线的感觉中脱颖而出的，我们所说的数形结合其实就是基于这种感觉而来的。

（4）"平均数的认识"。比较几个对象间水平的高低，有多种比较方法，不论哪种比较方法，那个数字无论是点还是线，都是实有的。而平均数，则可能是一组数中虚有的、没有出现的。用没有出现的数字来代表各个对象之间的水平，是数感的又一次突破。因为是虚有的，所以要通过一定的方法去求得，这样，就有了平均数的求法。因此，如何求平均数是基于平均数的数感的。我们不去培养学生的这种虚有的数感，学生对平均数的理解就只有记公式了。

（5）"用字母表示数"。无论是实有的还是虚有的，这个数都是确定的。到了五年级，数开始不确定了，一个不确定的数用数字来表示，就只能是"猜"了。于是，数学中引进了字母。这时候，"整数的认识"中形成的数感就会得到激活，确定的数用数字来表示，不确定的数用字母来表示。只要这种感觉有了，到用方程解决问题的时候，学生自然而然就会知道设谁为 x 了。在学生的实际学习中，学生们经常不知道设谁为 x，不会设，老师就教他们一个秘诀：求谁就设谁为 x。这种所谓的秘诀，是教学的无奈之举。

（6）"负数的认识"。在认识负数之前，学生概念中的关于数的感觉，不论是确定的还是不确定的，这个数都是绝对的。到了"负数的认识"，数就从绝对发展到了相对。比如现在有两头猪，这个 2 就是绝对的，但如果我们将两头猪确定为 0，这个 0 就是相对的，3 即为 1，这个+1 就是相对的。有了这种关于绝对与相对的感觉后，数就变得好玩了。

上述的六节种子课，在学生数感成长中都不可或缺。不论哪一节缺失，都会给孩子们的学习带来困难。

结语

一些有数学天赋的学生，即便我们在教学中一点也不理会他们的数感成长，他们懵懵懂懂也会滋生这些感觉，不自觉地运用这些感觉进行数学思考。但如果我们在"数的认识"相关教学中，很清晰地知道这节课的数感内容，并巧妙地让学生有所体会，那么，一些不太有数学天赋的学生也会获得这些感觉，并运用这些感觉进行数学理解和思考。而那些有天赋的学生就会十分肯定地知道自己的感觉是如此清晰与正确，并自觉而自信地运用这些感觉进行数学的认知把握。

须知，喜欢数学中的"喜欢"，本就是感觉。如何让学生喜欢数学，是一点一滴的关于数学的这种感觉积累起来的。

强调一句，猴子错过了那个时间，便永远成不了人。同样的，老师如果错过了那节课，也许学生同关于数的那种感觉便永远错过了。这就是上好种子课的意义所在。

"分数的认识" 教学讨论

在小学数学里，每每在小学毕业考试中，都会出现如下试题：

1. 比 2 米多 $\frac{1}{5}$ 是（　　　）米。

2. 比 2 米多 $\frac{1}{5}$ 米是（　　　）米。

这组题目，每次都会有人错，学生很难掌握，小学数学老师最后就不会再给学生分析道理，而直接给一个秘诀：

$\frac{1}{5}$ 后面没有米，就乘或除；

$\frac{1}{5}$ 后面有米，就加或减。

这样一个简单的秘诀能解决问题吗？还是不能。

这组题目之难，反映了分数用来表示量的多少与关系的紧密水平之间的混淆，即量与分率的混淆。这种混淆，一直困扰着小学数学教师们。那么，解决这个问题的良方何在呢？个人认为，解决这个问题的良方不在分数问题解决上，而在对分数的认识这一环节上。

回顾：我们是怎么来认识分数的

关于分数的认识，过去，我们有的教材会呈现如下材料：

1. 把两个饼平均分成两份，每份是 1 个，每份占全部的二分之一，写作 $\frac{1}{2}$。

2. 把一个饼平均分成两份，每份是 $\frac{1}{2}$ 个，每份占全部的 $\frac{1}{2}$。

在此基础上，我们得出以下结论：

把一个单位平均分成若干份，表示这样的一份或几份的数叫分数。

现在我们来分析一下：

每份 $\frac{1}{2}$ 个，这个 $\frac{1}{2}$ 是量；每份占全部的 $\frac{1}{2}$，这个 $\frac{1}{2}$ 是分率。分率和量就这样直接呈现在学生面前，三年级的学生能体会两个 $\frac{1}{2}$ 的不同吗？分率和量从一开始便混淆在一起，纠缠后再要分开，便十分困难。

在生活中，我们是否有过这样的经历：

我初入某单位时，会发现张某与王某十分像，我把这种感觉告知单位的其他人时，其他人皆觉十分不解：张某与王某差别可大了，怎会相像呢？待我在单位待上一段时间后，方觉张某与王某确无相像之处。

这种经历体验，是否可以得出一个结论：混淆，源于陌生？

我们再来讨论一下关于双胞胎的经历：

双胞胎姐妹，如果我们第一次见面，即同时见到姐妹俩，我们会觉得姐妹俩简直一个样，怎么都无法区分，于是便一直混淆着。

但是，如果我们只是与姐妹俩中的姐姐或妹妹先认识，并成为闺蜜，若干年后，这个闺蜜告诉我说她有个双胞胎妹妹，十分十分像，同卵的，再一见面，我们会发现这两个人不像啊或没有那么像，很容易分辨，不会混淆的。

这个经历是否可以告诉我们这样一个道理：

两个容易混淆的对象，先深刻认识其中一个后，再认识另外一个，是解决混淆问题的好方法。

我们用这个道理来观察分数的认识，我们是否可以得出这样一个结论：

关于分数量与分率的混淆，可能缘于我们对分数还完全陌生时二者的同时呈现。

如果这种认识成立，那么，解决之道是让学生先深刻地经历关于量的分数的认识，谙熟之后，再经历关于分率的分数的认识，并在此基础上比较两种认识的差别，以此解决量与分率的混淆问题。

基于以上认识，我在此呈现三个教学思路：

教学一：分割——"作为量的分数的认识"。

教学二：比较——"作为分率的分数的认识"。

教学三：辨析——"分数的认识"。

讨论：我们可以这样化解学生的混淆

【教学一】分割——"作为量的分数的认识"

教学准备：准备以下饼的模型。

教学流程：

环节一：

任务一——说说老师拿出了几个饼？

教师拿出⃝⃝，学生说两个，板书：两个；

教师拿出⃝，学生说一个，板书：一个；

教师拿出⃝，学生说半个，板书：半个；

教师拿出⃝，学生说小半个，板书：小半个。

【说明：这个环节都是在常识层面进行的，没有任何障碍，都是学生已有的"明白"，是经验，是我们数学学习的基础。学生在一年级时就能体会一半和半个的区别，到六年级却在"$\frac{1}{2}$"与"$\frac{1}{2}$个"之间产生混淆，实在是我们不会教书的结果。】

任务二——用数字来表示饼的个数。

教师出示：

两个　用2表示

一个　用1表示

师：半个，用什么表示？

生：用0.5。

师：小半个，用什么表示？

生：用0.4、0.3表示（遇到表示的困难了）。

【说明：生活语言与数学语言是有差别的，生活中有半个、小半个、小小半个都没问题。但用数学语言来表示半个、小半个、小小半个就有问题了，因为数学语言要求精确，生活语言可以模糊。

在这个表示的过程中，有了对分数产生的必要性的体会：即分数产生的必要性在于整数无法表示了，于是，我们开始讨论分数。

分数产生的必要性不在度量，这也是我们教材中没有想明白的地方。在度量中，用米有零头的时候，我们是用分米来解决的；如果分米后还有零头，我们是用厘米来解决的。因此，分数产生的必要性不在度量，而在数的表示。

世界上的物，凡整的物的数量，我们会用整数来表示；非整的物的数量，我们会用分数来表示。（见下图）】

环节二：

任务一——研究半个、小半个，用什么数来表示？

问题：以饼为例，半个是怎么得到的？

初步结论：把一个饼分成两半，每半是半个。

【说明：这是常识，每个学生都会说的，两半的意思就是两块一样大。两块一样大在数学上叫什么分？学生都会说平均分，这是知识。】

结论：把　个饼平均分成两块，每块是半个。

任务二：用数学的方法来记录半个是怎么得到的。

半个是怎么得到的？（常识。）

教师板书：

文字记录：把一个饼平均分成两块，每块是半个。

数学记录：平均分成→表示为"—"；

两块→表示为"2"；

每块→表示为"1"；

合起来为 $\frac{1}{2}$，读作二分之一。

讨论：喜欢文字记录，还是数学记录？

结论：喜欢数学记录，因为文字记录要写 17 个字，数学记录只要 3 个符号。

【说明：分数本质上是用整数来记录得到半个的过程，是一种比文字记录更便捷的数学记录。】

任务三：请同学们思考，小半个在数学上会被表示成一个怎样的数呢？

讨论：解决这个问题的关键是要知道小半个是怎么来的。

【说明：一旦学生说到这句话的时候，说明学生已经真正明白了。】

问：小半个是怎么来的呢？

生：把半个饼再切去一块，剩下的一块是小半个。

生：把一个饼平均分成三块，一块是小半个。

问：谁能用数学方法来记录小半个是怎么来的？

生：$\frac{1}{3}$，平均分→—，三块 →3，一块 →1。

生：读作三分之一。

环节三：

任务：讨论用分数来表示饼的大小的规律。

材料：

问题：用分数来表示饼的大小的关键在什么地方？有什么窍门吗？

结论：关键在于知道饼是怎么得到的。具体而言，有三个关键点。

1. 是平均分的，用分数线表示。

2. 一共分成多少份，用数字表示，写在分数线下面，叫分母。

3. 拿到多少份，用数字表示，写在分数线上面，叫分子。

此外，得到一个分数，读作几分之几。

【说明：什么叫分数，什么叫分母，什么叫分子，是自然而然明白的，是不需要去读、去背的。在这个认识分数的过程中，分数是记录饼的大小的，分数的大小是由饼的大小支撑的，分数的大小比较、加减运算，都可以基于饼的大小而清晰开展起来。】

环节四：练习（略）

【说明：在这节课中，分数一直作为量的表示而存在，没有出现分率的表示。这样做的目的，是让学生充分认识到分数的量的表示，如同一个锚，抓住海底，锚定不移。】

【教学二】比较——"作为分率的分数的认识"

倍，是反映两个量之间比较结果的一个概念，因此，用分数来表示比较结果的时候，可以以倍为认识基础引入学习。

环节一：认识表示两个量之间关系的分数

材料：
☆☆☆☆☆
○○○

知识：五角星是圆圈的 2 倍。

常识：圆圈是五角星的一半。

知识：圆圈是五角星的 $\frac{1}{2}$ 。

认识：把五角星平均分成 2 份，圆圈相当于其中的 1 份。

问题：如果把五角星平均分成 3 份，圆圈相当于其中的 1 份，那么，圆圈是五角星的几分之几？

结论：圆圈是五角星的 $\frac{1}{3}$ 。

操作：你能用老师提供的五角星与圆圈摆出几种 $\frac{1}{3}$ 关系的状态？

(示例见下图)

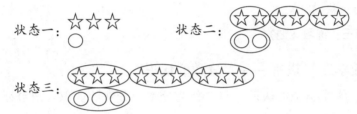

结论：操作的关键就是保证五角星的个数是圆圈个数的 3 倍，那么，圆圈个数便一定是五角星个数的三分之一。

【说明：这一环节的认识依托于学生关于倍的认识与关于分数的初步认识，难度不大。】

环节二：认识表示部总之间关系的分数

材料：☆☆☆☆☆☆
　　　○○

圆圈是五角星的 $\frac{1}{3}$ 。

改善材料：★★☆☆★★（五角星分别变成红、黄、蓝三色）。
　　　　　○○

圆圈是五角星的 $\frac{1}{3}$ 。

继续改善材料：★★☆☆★★。

_____是全部五角星的 $\frac{1}{3}$ 。

问题：在这组材料中存在 $\dfrac{1}{3}$ 这样的关系吗？

结论：红星是全部五角星的 $\dfrac{1}{3}$。

　　　黄星是全部五角星的 $\dfrac{1}{3}$。

　　　蓝星是全部五角星的 $\dfrac{1}{3}$。

【说明：二年级小朋友在认识倍的时候，多从两个量来进行比较，对部总之间进行比较是较少的，环节二是将两个量之间的比较引到部总之间的比较。】

环节三：练习（略）

【教学三】 辨析——"分数的认识"

"作为量的分数的认识"与"作为分率的分数的认识"两节课不是连着上的，其间可能相差一年。

"作为量的分数的认识"后，学生比较分数的大小是十分确定的，而认识了作为分率的分数后，对分数的大小比较就会产生干扰。

"作为量的分数的认识"和"作为分率的分数的认识"都完成后，需要有一节课将这两种认识放在一起，帮助学生形成一个清晰而完整的认识。这便是这节课的意义。

环节一：说说你对下面材料中 $\dfrac{1}{2}$ 的不同理解

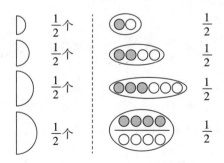

问题：左边的 $\frac{1}{2}$ 和右边的 $\frac{1}{2}$ 有什么不同？

或问题：从黑板上的这份材料中，你有什么认识与大家分享吗？

结论一：左边的 $\frac{1}{2}$ 表示一块饼的大小，右边的 $\frac{1}{2}$ 表示部分与整体的关系。

结论二：左边的 $\frac{1}{2}$ 已经是饼了，右边的 $\frac{1}{2}$ 还不是饼。如果这个 $\frac{1}{2}$ 变成饼的话，就是如下——

$$\frac{1}{2} \longrightarrow 1 \text{ 个饼}$$

$$\frac{1}{2} \longrightarrow 2 \text{ 个饼}$$

$$\frac{1}{2} \longrightarrow 3 \text{ 个饼}$$

$$\frac{1}{2} \longrightarrow 4 \text{ 个饼}$$

【说明：这一环节让学生充分体会到分数的两种表示功能，即表示量的大小与表示关系的水平。】

环节二：练习。请告诉大家以下分数是在表示量还是在表示关系？

出示题目：

1. 小方跑了 $\frac{4}{5}$ km。

2. 小方跑了全程的 $\frac{4}{5}$。

3. 谁跑得多？

结论：作为一个量，$\frac{4}{5}$ km 可以是 0.8 km，可以是 800 m。全程的 $\frac{4}{5}$ 是表示还欠 $\frac{1}{5}$ 没跑。谁跑得多，尚不能确定。

【说明：有了这样的训练与思考，学生基本上在将来的分数相关解决问题中就不会再混淆，对分数的认识也达到了真正完整的程度。】

结语

通过这样三节课——前两节课是两个锚，要分别抓住锚地；第三节课是对两个锚的观察比较，从而帮助学生形成完整的认识。

如果两个锚不能抓住锚地，锚绳便会缠绕在一起，学习便会变得十分辛苦。

因此，当孩子的学习发生纠结的时候，我们不要在末端烦恼，而要回到前面去，对分数有正确认识才是分数问题得以正确解决的根本所在。

"用字母表示数" 教学讨论

"用字母表示数"这一课时在学生的数学成长中具有十分重要的意义。其重要性在于，要让学生明白什么数需要用字母来表示；在此之前，为什么数不需要用字母表示。而这种明白是不能靠教师用语言来讲解的，需要由学生来体验，在体验中获得"理解"。本课时的理解需要有三个体验点来支持，现分述如下。

体验一：确定的数用数字表示，不确定的数用字母表示

数和数字，我们老师经常厘不清楚，有的老师会认为数有无数个，数字只有 0~9 共十个。什么是数？数是对物的个数属性的抽象，数字是对这种抽象的表示。比如，我们人脑有一个关于物的个数属性的抽象是▦，这个▦是个数，这个数可以表示成图，也可以表示成数字——比如中国人表示为"五"，印度人表示为"5"，英国人表示为"five"，拉丁人表示为"V"，这个"五、5、five、V"就是数字了。

我们的学生从一年级开始，都是用数字来表示数的，因为数是确定的。

到了四年级，有些数是无法确定的，存在多种可能性，学生无法用数字来表示，于是，我们便选用字母来表示。

那么，这个体验如何来完成呢？

首先，选用一个信封和一盒粉笔。

① 信封里面没有东西，用一个数字来表示，用哪个数字？

学生自然会说"0"。

② （往信封里放进一根粉笔）问现在可用数字几？

学生会说1。问有别的意见吗？学生一定会说没有，因为看见老师放进去一根粉笔，是确定的。

③（清空信封后放进三根粉笔）现在可用数字几？

学生会说3，因为看见，所以确定。

④（老师躲到桌子底下往信封里放粉笔）现在信封里的粉笔可用数字几来表示？

学生开始猜5、6、7、8、9、10等不一而是。

问学生：为什么现在有这么多可能了呢？

学生回答：因为老师躲起来了，没看见，所以不确定。

追问学生：大家都说不确定是几，但是有些数字大家一定是不会说的，比如哪些？

学生会回答：比如0，因为信封里鼓着肯定有粉笔，所以不可能是0；还有不可能是50，因为50根粉笔根本放不下。

整理（见下图）：

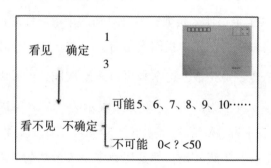

⑤ 小结：今天我们体验了这种不确定是几但能确定不是几的数，我们选用字母来表示。

有了这种体验，学生以后学习用方程解应用题的时候，对设谁为 x 这件事情就不会有问题了。

体验二：同一件事里不同的对象用不同的字母来表示

练习一

师：（请一个学生上讲台）你有多少根头发？

生 1：a 根。

师：（指着自己谢顶的头）老师有多少根头发？

生 1：a 根。

生 2：b 根。

师：这位同学（指生 2）为什么要用 a 表示同学的头发数，用 b 表示老师的头发数呢？

生：因为两个人的头发数明显不同，所以用两个字母比较好。

师：大家认可哪种意见？

生：认可用不同的字母表示两个不同的对象。

练习二

师：（拿出第二个信封，躲在桌子下面放粉笔）这个信封里有几根粉笔？

生：a 或 b 或 c 根。

整理：除了不用 a 表示，其他字母均可以表示，共有 25 种表示方法。

第一个体验解决了一元问题，这个体验解决了什么问题呢？解决了多元问题。

体验三：两个量之间有关系时，其中一个量用字母式表示比较好

练习三

出示材料。（见下图）

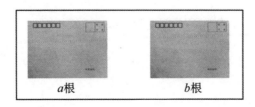

a 根　　　　　　b 根

师：a 和 b 谁比较大？

生：不知道，无法比较。

师：（追问）无法比较是基于什么样的思考？

生：因为 a 和 b 都不确定。

师：（追问）不确定意味着哪些可能？

生：$a>b$、$a<b$、$a=b$。

练习四

师：今天会场上来了多少人？

生：a 人。

师：今天来上课的小朋友有多少人？

生：34 人。

师：今天来听课的大人有多少？

生：b 人。

师：a 和 b 谁比较大？

生：$a>b$。

讨论：出示材料。（见下图）

师：为什么同样一个问题，a 与 b 谁比较大，同学们却有两种不同的回答？

生：左边的 a 与 b 不知道是什么关系，右边的 a 与 b 是总数与部分的关系。

继续讨论：出示材料。（见下页图）

```
会场人：a
小朋友：34
大人：b
a>b
```

师：a 比 b 大，大多少？

生：大 34。

师：（追问）如果大人数不用 b 表示，可以用什么来表示？

生：c。

师：（追问）如果不用 c 或 d 呢？

生：a-34。

师：（追问）同学们比较两种表示方法，b 与 a-34，喜欢哪种表示方法？

结论：两个量有关系时，其中一个量用字母式表示比较好。

这个体验除了体会量之间的关系之外，还要体验当字母表示未知数之后，这个字母作为已知数参与列式。

三个体验之间的关系梳理

三个体验点获得三个理解，这三个理解之间的关系是怎样的呢？我们用一个例子来说明：

一只青蛙一张嘴，两只眼睛四条腿。池塘中的青蛙可以怎么表示？

基于体验一达成的理解，得到如下结果：

a 只青蛙 a 张嘴，a 只眼睛 a 条腿。——因为池塘中到底有多少只青蛙不知道，所以用字母 a 表示。

基于体验二达成的理解，进一步可以得到以下结果：

a 只青蛙 b 张嘴，c 只眼睛 d 条腿。——因为不同的对象用不同的字母。

基于体验三达成的理解，再进一步可以得到以下结果：

a 只青蛙 a 张嘴，2a 只眼睛 4a 条腿。——因为对象之间的关系可以用字母式表示。

从整理的下图中可以看出，学生从用数字表示数的起点出发，到用字母表示数的目标达成，中间有三个理解的台阶，支撑他们达到数学的理解。而且，这三个体验之间具有完整的逻辑关系，这种逻辑关系是真正的数学味，需要学生在体验中慢慢感悟。

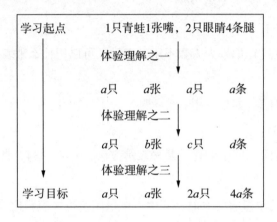

种子课例

"负数的认识"教学设计

"负数的认识",有的教材编在五年级,有的教材编在六年级,还有的教材编在四年级,不论哪个年级,负数对于学生而言,都已不再陌生。这是时代的进步。负数的读、写,负号、正号的名称及正号的省略,学生们都已有认识,只是学生之间的认识不平衡,有差别。但对于负数的数感,则认识不足,需要老师下足功夫。具体内容整理见下表:

知识类别	内容	学生情况	教学策略
显性知识	名称 读法 写法 大小比较 表示意义 用正、负数来表示	均有此知,途径来自阅读、父母、生活经验、课外学习班	组织学生交流,在交流中规范,在规范中均衡学生之间的差别
隐性知识——数感	数表示对象的状态,状态的表示需要先规定0	不甚明了	提供材料,在材料完成的过程中体验负数的数感

环节一:落实基础知识、基本技能

问题一

板书"负数"。

①请同学们写一个自己比较熟悉的负数(有四个学生写在黑板

上）。

②请同学们判断他们写的都是负数吗？

③同学们是如何判断他们写的是否是负数的？

④这个"减号"到这里就是"负号"了，"负号"与"减号"之间有着怎样的联系？

⑤这四个负数中，哪个负数写得比较好看？怎样写会比较好看？

⑥请大家认真地写一个好看的负数。

【说明：问题一共有六问，展示了学生们已经掌握的关于负数的名称及负数的书写。通过哪个负数写得比较好看，让学生们规范书写；通过"负号"与"减号"之间的联结，归纳"减"与"负"均有减少的意义理解。】

问题二

①同学们在黑板书写了这么多负数，我们来读一读，看谁读得比较好。

②黑板上这8个负数，哪个负数比较大？哪个负数比较小？

③对负数的大小，同学们是怎么来判断的？

④把8个负数从小到大排列，怎么排列？

【说明：问题二有四问，目的在于解决负数的读与大小比较问题。读法没有任何问题，大小比较主要有两种：一种是离0越远，数越小；一种是数字越大，数越小。这两种方法都可以。学生们在显摆他们的知识，在显摆中让他们体验课外学习的优越感。】

问题三

出示材料"-2"。

①同学们在哪些地方看到过或用到过-2？

②在这么多地方用到，它们分别表示什么意思？

③地下2层记作-2，那地上2层怎么记？

④正号可以省略，负号为什么不能省略？

【说明：问题三有四问，主要是通过在哪里见到或用到过-2，伸得学生们真正回到生活中去，不再沉浸在课外学习中获得的那点浅薄知识。同时，因为-2在不同地方所表示的意义有所不同，从而让学生初步体会-2是在表示一种状态，如地下二层、零下二度、欠两元、少两个等。此外，又让学生们显摆一下关于正数的认识，用一个"负号为什么不能省略"的问题，引导学生们做些浅层次的思考。至此，黑板上整理出了一条数轴。（见下图）】

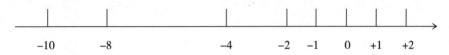

-10   -8   -4   -2 -1   0 +1   +2

问题四

出示材料：会写，会读，会大小比较，能明白意思。

①同学们会写了、会读了、会比较大小，这表示什么也难不倒大家。这么多知识，大家都是怎么得来的？

②在这么多知识中，哪个知识是你今天学会的？

③有没有大家课外学习的关于负数的认识，我们今天没说到的？

【说明：问题四有三问，主要意图是让学生反思自己的课外学习，比较学生们因为不同的课外学习所带来的知识点的不同，以改善学生的课外学习状况；同时，也为下个环节清场。】

环节二：落实数学思考，落实数感培养

问题五

①请大家阅读这份材料，你能照样子也说一个吗？

出示材料：若_____为0，则_____为"正"，_____为"负"。

例：若冰水混合物为0，则零上为"正"，零下为"负"。

②请大家尽量不要重复同学的思路，让自己的思考与众不同。大家接着说。

③若3为0，则_____为"正"，_____为"负"。

【说明：问题五有三问，一问是任务驱动，二问是方法修正，三问是要引到数轴上来。】

黑板上呈现如下材料：

若_____为0,	则_____为"正",	为_____"负"。
冰水混合物	零上	零下
老师	校长	学生
人间	天堂	地狱
当下钱	收入	支出
……	……	……
3	4	2

例：

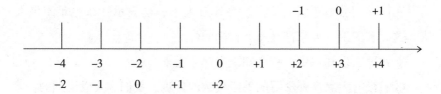

在这份材料的形成过程中，学生以他们的理解说出他们的正、负数，在这个过程中落实了用正、负数来表示生活问题的技能目标。同时，因为问题的开放，学生们新奇的回答带来他们对思考成果的惊诧，这种惊诧反映在课堂上抑制不住的笑声之中，最后引到若把3定为0，则4为+1，2为-1。这样，数的绝对便进入了数的相对。这种引入，是自然而神奇的。

问题六

刚才我们列举了许多有意思的材料。我想问大家，在这个列举的过程中，同学们有没有什么感悟？如果有的话，请与大家分享一下。

【说明：问题六只有一问，学生们通常会回答：①讨论正负数之前，必须先确定0。②只有0确定了，才有正、负数。有了这些感悟，学生自然明白为什么0既不是正数也不是负数了。】

问题七

同学们都认为0很重要，请问今天认识的0和我们以前认识的0有差别吗？差别在哪里？

【说明：问题七只有一问，这个问题进入了本课时的最核心内容，直指数感的最顶级。从前 0 表示没有，是绝对的；今天 0 表示有，是规定的。从此，数开始变好玩了。】

环节三：小结回顾，反思成长

问题八

同学们，今天我们学习了负数，大家在外面都学过负数，两者相比较，差别在哪里呢？

【说明：问题八只有一问，这一问题指向第二环节的经历是校外学习所没有的，从而凸显数感的成长。】

计算教学：算理、算法和算律怎么教？

算理怎么教？——以"同分母分数加减法"为例

"同分母分数加减法"这一课时是十分有意义的，很适合说明算理与算法之间的关系。

算理：$\frac{1}{8} + \frac{3}{8}$，1 个 $\frac{1}{8}$ 加 3 个 $\frac{1}{8}$ 是 4 个 $\frac{1}{8}$，写作 $\frac{4}{8}$。——算理，解决了计算的"对"的问题。

算法：$\frac{1}{8} + \frac{3}{8} = \frac{1+3}{8} = \frac{4}{8}$，分母不变，分子相加。——算法，解决了计算的"快"的问题。所以，算法是对算理的熟能生巧。

计算，总离不开"又对又快"这两个要求。

当算理与算法放在一起时，算理解决了"对"的问题，算法实现了"快"的需要。

当算律与算法放在一起时，算法解决了"对"的问题，算律实现了"快"的需要。

回到"同分母分数加减法"这一课例中来，因为算法是算理的熟能生巧，所以在此课例中，算法可以顺势而为之，算理却须精耕细作。

【讨论一】教材上算理呈现的问题

在教材中，同分母分数加减法的算理还是套用生活原型，即画图

法。(见下图)

$$\frac{1}{8}+\frac{3}{8}=\frac{4}{8}$$

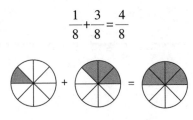

在成人看来，这个过程显然是正确无误的，但在学生看来，这个问题可大了。(见下图)

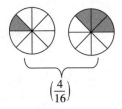

$$\left(\frac{4}{16}\right)$$

在学生看来，两个圆放在一起时，一定会填 $\frac{4}{16}$。这种情况，部分学生可以延续至六年级，更何况学生在学习同分母分数加减法的时候还没学假分数。

【讨论二】 从意义到算理

我们换个思考角度：不从原型，从意义进来，对算理的理解是否会更流畅？

材料一：填空，并表示成算式

3 个 10 加 2 个 10 是 _____ 个 _____，表示成算式：_____ _____。

3 个 1 加 2 个 1 是 _____ 个 _____，表示成算式：_____ 。

3 个 $\frac{1}{5}$ 加 2 个 $\frac{1}{5}$ 是 _____ 个 _____，表示成算式：_____ _____。

3 个 $\frac{1}{8}$ 加 2 个 $\frac{1}{8}$ 是 _____ 个 _____，表示成算式：_____ _____。

讨论：5 个 10   30+20＝50；

5 个 1   3+2＝5；

5 个 $\dfrac{1}{5}$ $\dfrac{3}{5}+\dfrac{2}{5}=\dfrac{5}{5}$；

5 个 $\dfrac{1}{8}$ $\dfrac{3}{8}+\dfrac{2}{8}=\dfrac{5}{8}$。

材料二：你能算吗？理由呢？

$\dfrac{4}{9}+\dfrac{2}{9}=$ $\dfrac{4}{9}-\dfrac{2}{9}=$

讨论：4 个 $\dfrac{1}{9}$ 加 2 个 $\dfrac{1}{9}$ 是 6 个 $\dfrac{1}{9}$，写作 $\dfrac{6}{9}$；

4 个 $\dfrac{1}{9}$ 减 2 个 $\dfrac{1}{9}$ 是 2 个 $\dfrac{1}{9}$，写作 $\dfrac{2}{9}$。

材料三：计算，看谁算得又对又快

$\dfrac{1}{3}+\dfrac{1}{3}=$ $\dfrac{5}{17}+\dfrac{4}{17}=$

$\dfrac{2}{3}-\dfrac{1}{3}=$ $\dfrac{5}{98}+\dfrac{10}{98}=$

讨论：不用去想几个几分之一加几个几分之一，只要分母照抄、分子相加减就可以了。

进一步讨论：分母不变，分子相加减。

【讨论三】合适的才是最好的

同分母分数加减法的算理在于相同的计数单位相加减，而相同的计数单位相加减这个理，学生已经感悟了三年了，只是学生的感悟尚不能表达为计数单位相加减。

加减法的实质是计数单位不变，计数单位的个数相加减。而这个理，用图来表达反而变得隐晦了。

所以，不要以为画图是最能懂的，关键是要看说明什么问题。

算法怎么教? ——以"分数除以整数"为例

小时候学数学，老师通常会让我们"背法则"：先把法则背熟，再依据法则一步一步做，做熟练了就掌握了。至于为什么要有这样的法则，我们是从来不问的，就像太阳总是从东方升起一样，既然是法则，自然是天定的，哪有为什么呢？

而现在我们在教学生学数学的时候，通常会有一个设计，让学生在这个设计中得出法则来，从而让学生明白法则不是横空出世的，而是有来龙去脉的。

自然，这样的教学，的确是很有必要的。

这里以"分数除以整数"为例，来说明我们应该如何让学生明白这个道理，或者说，我们如何来向学生讲明白法则的道理，即为什么要这样算。

（一）教材的"讲述"与学生的"理解"

算法之中，数分数除以整数最难理解。

例：$\dfrac{4}{7} \div 3$。

书本上是用"图"来帮助学生理解的。

图一：画出 $\dfrac{4}{7}$。（见下图）

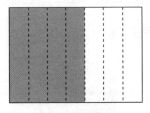

图二：把 $\dfrac{4}{7}$ 平均分成 3 份。（见下页图）

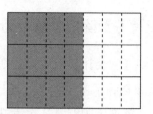

图三：得到 $\frac{4}{21}$。（见下图）

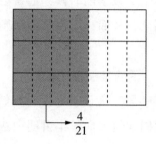

$\frac{4}{21}$

这个过程显然是正确的，但从学生的角度来理解，问题是十分大的。他们是这样理解的——

图一：画出 $\frac{4}{7}$。（见下图）

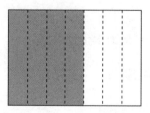

图二：把 $\frac{4}{7}$ 平均分成 3 份。（见下图）

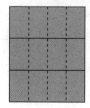

图三：结论——得到 $\frac{1}{3}$。（见下图）

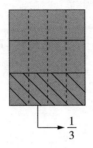

$$\frac{1}{3}$$

教材的意图与学生理解之间的差别在于：

教材是将 $\frac{4}{7}$ 的单位"1"作为单位"1"继续分割为三份。学生理解是将 $\frac{4}{7}$ 作为单位"1"分割为三份。

当学生难以理解时，学生便会以记住法则为主，这样，又会沦为我们从前的学习样式。那么，我们能否找到另外一种让学生明白的方法呢？

（二）算法的来龙去脉

我们要让学生明白算法，就必须让学生明白算法的来龙去脉、运算教学的整个体系。可以表述为以下流程。（见下图）

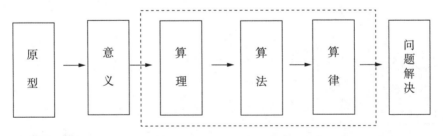

从这一流程图中可以看出，算法来源于对算理的熟能生巧，算理来源于对意义的运用。

书本上提供的范例是用原型来支撑对算法的理解。后面我们还会讨论算律怎么教。书上也用原型来支撑对算律的理解。

什么都回到原型去，可能不是一种合理的思路。用原型来支撑意义的理解是理所当然的，但什么都用原型来支撑，可能就是机械主义了。

我们可以从意义与算理出发，来支撑对算法的理解。

（三）从意义到算法

材料一：说说算式的意义

例：$2 \times \dfrac{1}{3}$ 表示 _____ 。$2 \div 3$ 表示 _____ 。

讨论：$2 \times \dfrac{1}{3}$ 表示把 2 平均分成三份，每份是多少。

$2 \div 3$ 表示把 2 平均分成三份，每份是多少。

材料二：根据意义写出合理的算式

例：把 $\dfrac{4}{7}$ 平均分成三份，每份是多少？

讨论：既可以写成 $\dfrac{4}{7} \times \dfrac{1}{3}$ ，也可以写成 $\dfrac{4}{7} \div 3$ 。

进一步讨论：$\dfrac{4}{7} \times \dfrac{1}{3} = \dfrac{4}{7} \div 3$ 。

材料三：填空，并思考怎么填得又对又快

例：$\dfrac{2}{3} \div 2 = \dfrac{2}{3} \times ($ _____ $)$ ；

$\dfrac{6}{7} \div 4 = \dfrac{6}{7} \times ($ _____ $)$ ；

$\dfrac{4}{5} \div 3 = \dfrac{4}{5} \times ($ _____ $)$ 。

讨论：填上除数的倒数。

进一步讨论：除以一个数等于乘它的倒数。

材料四：计算

例：$\dfrac{4}{7} \div 3$ 。

讨论：可以将 $\frac{4}{7} \div 3$ 转化为 $\frac{4}{7} \times \frac{1}{3}$ 进行计算。

理由是：$\frac{4}{7} \div 3$ 的意义与 $\frac{4}{7} \times \frac{1}{3}$ 的意义完全相同。

（四）结论

用意义来支撑对算法的理解，呈现出一个完整的、具有探究发现特质的思考过程，其气脉十分通畅。

用原型来支撑对算法的理解，其过程生涩滞晦，关于单位"1"的不同横亘在讲解者与听讲者之间，而讲解者又无法讲清。

现在教材设计中总是要去找原型，这是不是对生活化的机械理解？数学本身是生动的，是相生的。原型生出意义是十分合适的，但并不等于可以生出所有东西。如同祖父可以生出父亲，但祖父生出孙子，总是不妥的。

算律怎么教——以"乘法分配律"为例

不管是学生还是老师，都觉得用乘法分配律很难，差错很多，有许多学生因此很怕简便运算。这令老师困惑：原本可以减轻计算负担的运算定律（简称"算律"）为什么却成了学生们的负担？

下面我们就以"乘法分配律"为例，来讨论应该怎么教学算律。

（一）理解：算律是算法的"窍门"

计算教学的目标在实践中可以概括为四个字：又对又快。当把算律与算法放在一起时，相对而言，算法解决的是"对"的问题，算律解决的是"快"的问题。

算律是对算法的熟能生"窍"。因此，算律源于对算法的运用。

所以，算律的教学应该从对算法的运用开始。为此，乘法分配律的教学应该有这样的流程。

流程一：练习，看谁算得又对又快（独立完成）

$14 \times 6 + 6 \times 6$

78×14+22×14

146×12−46×12

……

【设计意图：这些题目，学生在计算时会有以下两种方法。

方法一：按照"先乘除后加减"的算法进行计算——

14×6+6×6

=84+36

=120

方法二：按照"几个几加几个几一共几个几"的意义理解进行计算——

14×6+6×6

=20×6

=120

就当下的学生而言，混合运算的算法，老师是教过的。但运用乘法意义来做这题目，则是学生自己的"调皮"，或者说是"窍门"。】

流程二：讨论——怎样算得又对又快？（见下图）

先乘后加	→	先加后乘
材料：14×6+6×6		(14+6)×6

问题：我们能改变运算顺序吗？

结论：14 个 6 加 6 个 6 一共是 20 个 6。

【设计意图：学生对乘法分配律的理解，在小学二年级算两位数乘一位数的时候，已经蕴含其中了：12×3→10×3+2×3=36。

当时的理解就是 10 个 3 加 2 个 3 一共是 12 个 3。因此，学生理解 14 个 6 加 6 个 6 是 20 个 6 便是很自然的事了。也就是说，学生将这一类题目的运算顺序加以改变，是十分自然的。】

流程三：讨论——我们今天改变了运算顺序跟这些题目有关吗？是不是所有题目都可以改变运算顺序呢？（见下页图）

$$\begin{array}{l}\text{材料:} \quad 14{\times}6{+}6{\times}6 \\[4pt] \qquad\qquad 78{\times}14{+}22{\times}14 \\[4pt] \qquad\qquad 146{\times}12{-}46{\times}12\end{array}$$

结论:　　运算特征——　乘　　加（减）　乘 $a{\times}b{\pm}c{\times}b$

数字特征——　有一个相同数 b

两个凑整数 $a{\pm}c$ 为一整数

【设计意图:老师提供的这组练习题的特征有两个——运算特征与数字特征。当满足这两个特征时,可以先加减然后乘。这样,就把算律的前提条件给明确了。】

流程四:判断——这样算,是又对又快吗?

① $(25+14)\times 4$

$=25\times 4+14\times 4$

$=100+56$

$=156$

② $(15+45)\times 3$

$=15\times 3+45\times 3$

$=45+135$

$=180$

问题①:应该先算括号里面再算括号外面,但这两道题目都没有先算括号里面,可以吗?

问题②:改变运算顺序的目的是什么?哪道题目的算法满足了这个目的?

【设计意图:几个几加几个几等于共有几个几;反之,共有几个几可以分为几个几加几个几。改变运算顺序的目的是为了算得又对又快,于是,得出今天认可并推荐的"窍门",把这个窍门命名为乘法分配律——$(a{\pm}b)c=ac{\pm}bc$。】

流程五:练习(略)

(二)讨论:算律是"规律"的运用

目前,我们的教材基本上把"算律"归为"规律",其基本流程如下页图所示。

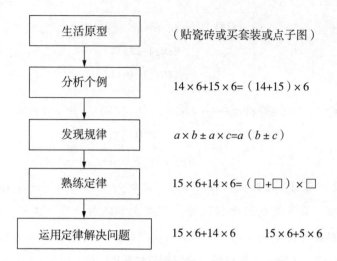

与该流程相类似的是在小学数学教学中"数学好玩"或"数学广角"的材料中体现的，比如"打电话"。（见下图）

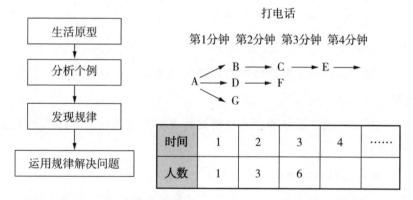

问题：10分钟能通知几个人？

1+2+3+4+5+6+7+8+9+10。

我们比较打电话与乘法分配律两个教学内容，打电话需要分析个例发现规律以解决比较繁复的问题，这是正确的。但乘法分配律这个算律如果被称为规律，是可以用意义来理解的，是不需要发现的。把乘法分配律作为问题解决来教学，就把简单的问题复杂化了。

（三）推而广之：加法交换律应该怎么上？

有次，有位同事打电话问我：加法交换律的生活原型是什么？我想了许久，也想不出加法交换律的原型是什么。去听课的过程中，发现有老师请了两名学生到讲台上来，并有了下面的对话。

师：这是谁和谁？

生：是×××和××。

师：（将两名学生交换位置后问）这又是谁和谁？

生：是××和×××。

师：有没有变啊？

生：没有变。

师：这是不是说明位置变了，大小没变啊？

生：是的。

听了这个原型，心里有一种说不出的味道。

书上是这样设计的：

一问：2+8=10。

二问：8+2=10。

三问：同学们，有什么发现吗？

问题是：2+8=8+2，这需要发现吗？难道不发现就不能知道2+8=8+2了吗？

那么，正确的呢？自然应从算法入手。

流程一：练习——看谁算得又对又快。

8+6+2　　　　　7+9+3　　　　　11+5+9

流程二：交流——谁算得又对又快？

从左到右依次计算→先凑整再相加。

流程三：讨论——这样改变运算顺序的理由是什么？

都是合并（加法意义）。

流程四：结论——连加算式中，如果能凑整，可以改变顺序、交换位置，即两个加数交换位置，和不变。

（四）比较：差别在哪里？

下面，我们来比较两种教学流程所呈现的教学意义上的差别。（见

下表)

环节	本文主张	教材主张
一	练习：运用算法	原型：解决问题
二	↓ 交流窍门：变先乘后加 为先加后乘	个例分析 $15×6+14×6=(15+14)×6$
三	↓ 概括窍门 理由：几个几加几个几共几个几 $ab+ac=a(b+c)$	↓ 发现规律 $a×b+a×c=a(b+c)$
四	↓ 推广窍门 ①运算特征 ②数学特征	↓ 巩固规律 $7×9+13×9=(\square+\square)×\square$
五	↓ 巩固练习	↓ 运用规律

这体现了两种主张。对于知识而言，学生最终都是记住 $ab±ac=a(b±c)$，并运用它以达到简便运算的目的，差别是不大的。但对知识的获得过程而言，两种主张的差别是巨大的。

本文主张使学生们深刻认识到，算律脱胎于对算法的灵活运用，灵活运用的依据是对运算意义的理解。

教材主张的特征割裂了算律与算法之间的密切联系，使之成为一种独立于算法的规律，把一个自然而然的窍门变成了"隆重"的问题解决。

种子课例

"乘法分配律" 教学实录

计算有算理、算法、算律。

算理就如 76+39，是 7 个十、6 个一加上 3 个十、9 个一。算理一定都是用计数单位来讲的，图形一定都是用计量单位来讲的。

算法就如相同数位对齐、从个位加起等。

算律一定来自对算法的改造与变形——它来自能不能算得快点，能不能找到窍门。它的法门是凑整，它是人们在计算时发现能很快得出结果，然后一传十、十传百得到的。它是通过观察特征，如数字特征、运算符号的特征，来帮助人们简算的。

引入：初步体验特征

[课前板书：又对又快——（1）6×7+4×7；（2）12×6+8×6；（3）13×15+7×15；（4）8×19+2×19；（5）986×11+14×11。]

师：老师准备了一些题目，大家看第一眼，有什么感觉？（烦，步骤多。）

师：再看第二眼，有什么感觉？（难，需要有点时间。）

师：你通常看什么东西？[（1）数字；（2）运算符号（加号与乘号）]

师：哪个多？多几个？能否看出点名堂来呢？

生 1：有规律。

生 2：哦。

师：你哦什么？发现什么了？

生 2：没有看出来。

师：没有看出来，是吧？那我们先看到这里，接下来我们来比一比，看谁做得又对又快。大家不用抄题目，直接写得数就可以了。

探索规律

第一组题目

1. 比一比，谁做得又对又快？（看题目直接写得数，题目见前）

2. 反馈

（1）校对是否正确：第一名的小朋友来报得数，教师板书记录，问其他学生有没有意见。

生1：第四题应该是180。

生2：应该是190。

师：到底是几呢？得180的先说说看是怎么做出来的。

生1：$8×19=152$，$2×19=38$，加起来是180。

生2：他没有进位，应该是190。

师：好像是没有进位，你知道了吗？好，现在答案都对了。我们再来看看谁做得又对又快。

（2）师：谁做得快？为什么做得比较快？

生3：（做题第一名）有规律，但是说不出来。

师：那你做吧。

生3：可以6加4，再乘7。

师：$6+4×7$应该等于34。

生3：应该加一个括号，先算加。

师：为什么先算加？（生3不会）

（3）师：那我们来看第二题，等于$(12+8)×6$，为什么不乘8，要乘6？第三题：等于$(13+7)×15$，理由是什么？（学生答不上来）第四题：$(8+2)×19$为什么是可以的？这些问题谁能回答？请做题第二名的学生来回答。

生4：（做题第二名）因为这两个数可以凑整。

师：那为什么可以这样？为什么可以加括号？做题第三名的同学来回答。

生5：（做题第三名）因为6×7表示6个7，4×7表示4个7，都是几个7。

师：哦，她明白了。6个7加上4个7，一共是几个7？你们明白没有？还是女同学厉害，这才是真正的冠军！

（4）师：现在你打算如何做？请原来没有简便计算的同学来回答：8×19+2×19可以怎么做？

生6：可以先算8+2=10，再算10×19=190。

师：184×7+16×7等于200个7？为什么不是200个184？

生7：因为算式中是7在重复，而不是184在重复。

（5）师：纵向观察每道题目，小括号里10、20、200……都是整十整百的，所以我们可以先把它们加起来。

第二组题目

1. 出示第二组题目，比谁做得又对又快

［呈现题目：（1）9×16-8×16；（2）12×7-2×7；（3）19×11-9×11；（4）26×8-16×8；（5）43×14-33×14；（6）128×35-28×35。］

2. 展示

（1）呈现一个错例：用竖式做的，而且把减法做成了加法。

师：他是怎么做的？错在哪儿？

（2）师：不讲了，你们明白没？

生：明白了。

师：明白什么了？那我们开火车依次报后半部分。

生：第一题是9个16减8个16等于1个16，第二题是（12-2）×7。

师：第三题女同学报，第四题男同学报。

（学生回答略。）

观察发现

师：在做这些题目的过程中，你有什么收获？或者有什么心得？或者发现了什么窍门？

生1：有规律的。

生2：变得简单了。

师：发现什么规律了？

1. 回到第一组题目，第一组题目有什么特征？

生3：都是混合运算。

生4：都是两个乘法、一个加号。

师：他们从运算符号上发现了，都是混合运算，都是×、+、×。那数字上呢？（看板书引导）你有什么发现？

生5：有两个数一样。

师：是的，都有一个数重复，分别在哪里？

生6：加号两边的两个乘法算式里。

师：□×□这两个能重复吗？

生6：不能。

师：还有呢？剩下的呢？

生6：剩下两个数不同，而且可以凑整。

结论：不同的两个数可以凑整。改掉后加了一个括号。括号里面是凑整的数，外面是重复的数。

2. 出示：$a×b+a×c$

师：这里的 b 和 c 可以凑整，请接下去写。

对一组学生一个一个问，发现 4 个说不会，2 个说会的。

生7：等于 $(b+c)×a$。

师：这里的 a、b、c 分别相当于第一个算式中的谁？$12×6+8×6$ 中谁是 a？$13×15+7×15$ 中谁是 a？

3. 再次出示第二组题目，得出还可以用减法，补充公式

4. 问：现在你有什么想法？

生8：难的变容易了。

课堂变式练习

第三组题目

1. 如果说刚才我们是从家里去外婆家（去括号展开），现在你能

不能从外婆家回来（加括号）呢？不计算完成下列变式。

（1）（20+17)×5 =　　　　　　　　（2）（25+4)×4 =

（3）（16+4)×9 =　　　　　　　　　（4）（17−7)×8 =

2. 观察以上每组算式，是去外婆家算方便还是在自己家算方便？

第一题是去外婆家方便，第二题也是去外婆家方便，第三题和第四题是在自己家方便。得出：有两道是在自己家方便，有两道是在外婆家方便。哪里方便就在哪里。像第三、第四题这样的，就不用到外婆家去了。

命名

这个规律在数学上有个名字，叫乘法分配律。

设计意图交流

第一组题目：最后一题数据比较大，是想突出简算的优越性；一定有一些学生会越过运算顺序，找出窍门，形成落差，产生交流欲望。通过两次看，增加学生对数字、符号的感觉；在问学生为什么可以这样做时，学生答不上来，说明学生只知其然而不知其所以然，其他人不清楚他的"明白"，但是我们可以在一个会的学生的带领下让其他学生初步感悟，就如今天的这位女同学。

第二组题目：加强前面的感悟，当回答有什么特征时，回到第一组题目，引导学生从运算符号和数字两个方面来发现特征，再用规律来理解字母公式。

第三组题目：是一个逆向练习（"我回来了"）。一个学生的感悟让我很兴奋，然后再帮学生进行提升：有没有必要回来？要又对又快，根据需要来判断要不要回来。这是一种价值趋向，始终要做到又对又快。

最后让学生给这个算律命一个名。

量与计量：计量单位教学的两种基本样式

有位老师上示范课，听课老师在班里等了十多分钟后，才见老师带领学生回来。原来这节课是"认识千米"，老师让全体学生在操场走了一千米。

同样的，有次参加一位老师的磨课活动。该老师要参加省优质课比赛，课题是"认识吨"，其中一个环节是体验吨。老师不知道是体验一吨水好还是一吨沙好，请教于我。这两节课的经历让我体会到，有必要梳理一下计量单位的教学。

在我的教学活动中，从适宜教学的角度，我将一个类别的计量单位区分为基本计量单位与衍生计量单位。

基本计量单位是基于体感的定量刻画。

衍生计量单位是基于数感的定量刻画。

以重量单位为例，主要有克、千克、吨三个计量单位。人对于重量的体验，主要的途径是手。因此，关于重量的体感，其实就是我们平常说的"手感"。相对于"手"而言，比较适合感知的"量"是"千克"。"克"过于轻，形不成显著的体感；"吨"过于重，无法实现体感。因此，"千克"便是重量单位中的基本计量单位。

重量单位中有了"千克"这一基本计量单位后，就形成了一个衍生出其他计量单位的参照标准。衍生的途径就是基于数感而形成的关于计量单位的意感。

如把一千克的豆腐平均切成十块，得到了一百克；继续把一百克的豆腐平均切成十块，得到了十克；继续把十克的豆腐平均切成十块，得到了一克。一克的重量有多重？一克的体验在这个不断平均分的过程中，通过一千这个数感，形成了关于"克"的重量感。这种重量感的体验是通过数感来实现的，更多的是通过意识来完成的。

同样的，"吨"有多重？谁也无法通过身体来完成对"吨"的体感。"吨"的体验同样需要由学生在基本计量单位的基础上通过数感来完成。比如将两包盐的重量（手感）定量刻画为一千克，那么两千（数感）包盐的重量（意感）就定量刻画为一吨。

如果我们对计量单位做这样的理解之后，就不会出现让学生去走一千米来认识一千米，也不会思考如何带一吨水去上课这样的事情了。

下面对各类计量单位中的基本计量单位与衍生计量单位做一梳理。（见下表）

类别	体感	基本计量单位	衍生计量单位
时间单位	持续感	秒	分、时、日、月、年
重量单位	手感	千克	克、吨
长度单位	距离感	厘米	毫米、分米、米、千米
面积单位	大小感	平方米	平方厘米、平方分米、平方千米、公顷
体积单位	拥挤感	立方厘米	立方分米、立方米
温度单位	冷热感	摄氏度	／

如果这样的分析成立，那么，计量单位的教学基本上就是两种样式，即基于体感的定量刻画与基于数感的定量刻画。下面分别做简单的阐述。

样式一：基于体感刻画的基本计量单位

材料：千克与克的认识。

基于体感刻画的计量单位，其教学的基本流程为：

环节一：经验的唤醒

问题：千克是个重量单位（此为常识），同学们能举出一个东西，它的重量大约为一千克吗？

【说明：在学生的生活中千克、克、吨已经是他们十分熟识的重量单位了。千克作为表示重量的单位已成常识，学生缺的是关于千克的定量刻画。通过这个问题，呈现学生关于千克的定量刻画的水平状态，为关于千克的学习打好认识基础。】

环节二：一千克的确认

操作：同学们说的哪些东西真的是一千克？

材料：物品与衡器。

【说明：重量是用衡器来测量的，这是常识。通过衡器的选择来测量学生们列举的物品，一方面让学生体会到自己关于千克的经验水平；另一方面则筛选出一千克的物品，供后一环节体验。】

环节三：体验一千克，比比谁是大力士

操作：用手来掂掂各种一千克重的物品。

材料：一千克棉花、一千克盐、一千克钢铁、一千克米。

比赛：谁是大力士。

材料：米。

方式：选两个自估力气最大的学生，各用单只手拣一个篮子，请其他学生往他们的篮子里加一千克包装的盐，直到拎篮子的学生拎不动为止。

【说明：形成一千克重的体感，将机器的定量刻画转变为手的定量刻画，或者将混沌的重量感逐渐清晰为手感的定量刻画。】

环节四：估一估，谁估得最准？

问题：这些物品大约几千克？

材料：现备。

操作：呈现材料→学生估计（用手）→衡器测量 →估得最准的学

生领奖品。

【说明：一只手托着一千克的物品，另一只手托着估测的物品，通过这种对比来强化学生对一千克的体感。】

环节五：认识一克有多重

材料：一块一千克的豆腐。

操作一：将一千克的豆腐平均分成十份，问每份有多重。

结论：每份有一百克。

操作二：将一百克的豆腐平均切成十份，问每份有多重。

结论：每份有十克。

操作三：将十克的豆腐平均分成十份，问每份有多重。

结论：一克。

操作四：将十块一克的豆腐分别交给每组学生轮流体验。

结论：一克真的很轻。

【说明：对一克的体验来自对一千克的三个分解。一千克体感分解成一千份，一份的定量刻画由此完成。最后交到学生手上的一克豆腐只是验证了学生们关于一克很轻的体验而已。因此，克的刻画由纯粹的体感建立逐渐过渡到通过数感来建立。】

环节六：略

以上提供了关于基本计量单位的教学样式。它的基本流程为：

经验的呈现→工具的定量刻画→体感的定量刻画→体感的深度体验→计量单位形成。

整个流程基本呈现为一个去伪存真的过程。

其他基本计量单位的教学流程也都可以按这样的方式进行，突出学生的体感。

样式二：基于数感刻画的衍生计量单位

材料：吨的认识。

基于数感刻画的衍生计量单位，其教学流程如下。

环节一：经验的唤醒

问题一：在同学们的观念中，哪些物品的重量有一吨？

问题二：在同学们的记忆中，什么情况下需要用到"吨"这个计量单位？

【说明：学生对吨的认识比对千克与克更模糊，所以有必要了解一下学生初始的状态。这样一则形成讨论基础；二则也是让学生将各种伪认识暴露出来，有助于去伪存真。】

环节二：阅读书本，一吨有多重？

讨论：书上说一吨为一千千克，同学们能想象一千千克有多重吗？

【说明：一千克与一吨的重量感便替换成了一与一千的数感。】

环节三：操作，一吨有多重？

材料：盐。

讨论一：昨天我们班大力士最多是拎几千克？要多少个大力士才能搬动一千千克？

讨论二：一袋米是五十千克，一吨米是多少袋米？一袋米一户人家吃一个月，一吨米够一户人家吃多少个月？

【说明：在计算中强化一到一千的数感，从而形成对吨的定量刻画。】

环节四：略

计量单位的学习是需要体验的，体验在个人的认识中可以分为基于体感的体验与基于数感的体验。我经常将基于数感的体验称为意感。

学生关于计量单位的学习起源于实实在在的体感，但绝不可以一直停留在体感。做个不大恰当的比方，如果将计量单位的学习视为一架飞机，那么，飞机的贴地奔跑相当于基于体感的定量刻画，而飞机的起飞则相当于基于数感的定量刻画,贴地奔跑的目的是飞机起飞。因此,每位数学老师的数学教学一定要让学生深刻地体会到:数学永远是用思考来解决问题的。

如果明白这个道理了,我们的数学课就不会让学生去走一千米而认识千米,运上一吨沙来认识吨了。

种子课例

"1分有多长"教学实录[①]

谈话导入，渗透新知

材料：板书"1分有多长"。

师：同学们，这节课咱们一起来学习1分有多长。你们知道1分有多长吗？

生：1分＝60秒。

师：（追问）你是从哪里知道1分＝60秒的？

……

小结：有的人是听说的，有的人是观察来的，你们验证过吗？

层层体验，建构新知

材料：动态钟面。

环节一：探索计量"秒"的工具

师：如果想验证1分是不是等于60秒，需要借助什么工具？

生：钟表。

师：(呈现钟面)我们要想知道时间过去了1分钟，你建议我看哪根针？

……

师：分针走一小格就是一分钟。

师：（追问）你是怎么从分针的走动看出时间过去了1分钟的？

……

① 浙江省金华市婺城区教师、俞正强名师工作室成员郭骥执教"1分有多长"一课并整理形成本文。

师：（追问）你是怎么从秒针的走动看出时间过去了1分钟的？

……

小结：秒针走一小格是1秒，走一大格是5秒。

拓展：秒针从2走到4，时间过去了几秒？秒针从3走到8，时间过去了几秒？

小结：有几个大格就用几乘5。

引导：看来秒针认读时间的方式和哪根针很像？

……

环节二：体验1分=60秒

师：现在咱们让秒针走上一圈好不好？在秒针走的过程中请你仔细观察分针的走动情况，看看你有什么发现。

师：（呈现动画，追问）你有什么发现吗？

生1：秒针走了一圈，分针刚好走了一小格。

小结：秒针走了一圈就是60秒，分针走了一小格就是1分，所以我们就说1分=60秒。

生2：秒针在转的时候，分针也在同时跟着它转。

环节三：体验10秒

师：刚才咱们看着闹钟知道时间过去了1分钟。现在老师想把这个闹钟装入同学们的脑子里，比一比谁脑中的闹钟最准，好不好？（呈现比赛规则）老师说开始，就请闭上眼睛，把头轻轻趴下，你认为10秒到了，请你悄悄地举起手，不要影响到别人，并睁眼看看准不准。

师：（追问）听明白游戏要求了吗？谁能来说说看，你听明白了什么？

……

师：（反馈）有准的吗？

师：（追问）好厉害啊！你能跟同学们分享一下你是怎么做到这么准的吗？

生1：就像这样1、2、3、4有节奏地在心里数数。

师：那我能像 1234567 这样吗？

生：（异口同声）太快了！

师：哦！那就是 1——2——3——

生：（异口同声）太慢了！

师：那到底怎样才行呢？

生 2：要不快不慢，有节奏。

师：我喜欢你的不快不慢。看来要想数对，咱们必须要有一定的节奏，对吧？

师：你们觉得要想把 10 秒数准，咱们必须先把几秒数准？

生：1 秒。

环节四：体验 1 秒

师：你有什么好办法能把 1 秒数准吗？

生 1：眨一下眼睛。

……

师：给大家来点秒针走动的音乐，请大家跟着闹钟把自己的 1 秒调调准，看谁最厉害！

师：（追问）采访一下，你觉得自己的闹钟准了吗？

生 2：准了！

……

师：（访谈）你来数几个 1 秒试试。

师：（追问）你觉得他数得怎么样？

环节五：体验 30 秒

师：如果难度再增加一些，你还敢挑战吗？时间 30 秒，准备好了吗？

师：（访谈）你看到的数字是几？

……

师：（追问）对于他的闹钟，你有什么好的建议？

……

环节六：体验 1 分钟

师：同学们，刚才咱们对几秒、十几秒的感觉都已经很准了。那如果是 1 分钟，你还能像刚才那么准吗？

师：（访谈）有准的吗？

……

师：（访谈）有相差一点的吗？

……

师：（引导）在你们等待这 1 分钟的过程中，你有什么感觉？

师：（追问）1 分钟这么长，你干什么了？

师：老师在我们班也对同学们 1 分钟能做什么进行了调查，你们想看一看吗？（播放视频。）

修正经验，拓展延伸

猜一猜：1 分钟能做什么事？

师：刚才咱们看了别人的 1 分钟，那我们自己的 1 分钟能做哪些事情呢？接下来咱们再来玩一个游戏好不好？（呈现游戏规则）老师给你准备了两份材料，你可以选择读文章，看看 1 分钟你可以读多少个字；你也可以选择做口算，看看 1 分钟你能做多少道题。准备好了吗？

师：你觉得自己 1 分钟可以读多少个字？你觉得自己 1 分钟可以做对多少道题？

师：真的是这样的吗？咱们来测试一下好不好？

……

测一测：1 分钟能做什么事？

自主评价：统计一下，选择阅读的请举手，接下来给你们一点时间数一数自己 1 分钟读了多少个字。选择口算的请举手，老师在你们的抽屉里放了口算的答案，请你们用红笔改一改，然后数一数做对了多少道，好吗？

师：写好了吗？

（1）口算。

师：做口算的有吗？你1分钟做对了多少道？比他多的有吗？

师：（评价）又对又快。

（2）读文章。

师：读文章的有吗？你读了多少个字？我数了一下，读一遍大约是200个字。同学们，在上课之前，郭老师特意向语文老师请教了一下，如果咱们班齐读的话，按照正常的速度，1分钟正好能将这篇文章读完。现在咱们齐读一遍，向老师们展现一下咱们班的朗读水平，好不好？

师：读了文中的故事，你有什么想对他说的？

……

看一看：1分钟能做什么事？

小结：同学们，在咱们班读文章最快的是1分钟200个字，你们想看一下世界上说中文最快的人1分钟读多少个字吗？（播放录像。）

课堂小结，整理回顾

师：同学们，这节课咱们一起来回顾一下，刚才咱们学习了什么？你有什么收获？对于这节课，你还有什么疑问吗？（学生回答略。）

"年、月、日"教学实录

唤醒经验，引入新课

材料：时——分——秒。

师：黑板上的这些时间单位都认识吗？谁大谁小？

生：秒最小，时最大。

师：几个1秒是1分？几个1分是1时？

生：60秒是1分，60分是1时。

师：你还认识比时更大的时间单位吗？

生1：日比时大，24时是1日。

生2：月比日大，1个月有30天。

生3：年比月大，12个月是1年。

……

整理并形成板书：

$$\text{年} \xleftarrow{12} \text{月} \begin{array}{l} \nearrow \text{周} \xrightarrow{7} \\ \xrightarrow{} \\ 31 \\ 30 \\ 29 \\ 28 \end{array} \text{日} \xleftarrow{24} \text{时} \xleftarrow{60} \text{分} \xleftarrow{60} \text{秒}$$

师：请同学们仔细观察这些时间单位之间的进率，你觉得哪里最特别？

生：月与日之间。

师：为什么这里最特别？

生：其他相邻时间单位之间的进率都只有一种情况，但月与日之间有很多种情况。

师：这节课，咱们就把这些说不准的来说说准，好不好？

观察日历，探究知识

任务一：研究一个月有几天

材料：不同年份的日历（1977—2017）。

师：请仔细观察你手中的日历，你有什么想说的吗？

生1：我发现一年有12个月。

生2：我发现一个月有31天、30天、29天、28天。

……

师：谁能来说一说哪几个月有31天、30天、29天、28天？

生3：31天的有1月、3月、5月、7月、8月、10月、12月。

师：（适时追问）你们的1月是31天吗？有其他不同的情况吗？

……

师：那30天的又是哪几个月呢？

生4：30天的有4月、6月、9月、11月。

师：（追问）看一看，他说的情况和你日历中的一样吗？

……

师：同学们，接下来咱们一起来整理一下，通过刚才的学习，你知道了什么？

告知规定：31天的被称为大月，30天的被称为小月。

小结并板书：大月 1/3/5/7/8/10/12　　共7个月；

　　　　　　小月 4/6/9/11　　　　共4个月；

　　　　　　2月 29天或28天。

任务二：研究平年、闰年

师：通过刚才的整理，你觉得咱们把日与月之间的关系搞清楚了没有？

生：没有，还有2月不是很清楚。2月到底什么时候是28天，什么时候是29天？

师：你们有同样的疑惑吗？接下来咱们就把这个问题来研究一下，好吗？

学生依次汇报自己日历上的年份与 2 月的天数。

……

教师边听边板书。

师：（追问）你有什么发现？

小结：每隔三年一次 29 天。

师：那这 29 天与它的年份有什么关系呢？

生 1：都是往前+4，或者往后−4。

生 2：都是 4 的倍数。

小结：简言之，把年份除以 4，如果能整除的，2 月便是 29 天，这个月被称作闰月，这一年被称作闰年；把年份除以 4，如果不能整除的，2 月被称作平月，这一年便是平年。现在我们把那些说不准的事情，说准了没有？

师：你能有什么好办法将这些月记住吗？

呈现：拳头记忆法、口诀记忆法。

……

师：同学们，今天咱们学习了什么？关于年、月、日的知识你都学会了吗？

任务三：练一练

课件呈现：学校里的俞老师要去外地出差，连续工作两个月，他每天要吃一片药。一盒药有 60 片，够两个月吃吗？

学生自主练习，然后全班反馈。

回顾整理，课堂小结

师：同学们，这节课你有什么收获？

学生回答略。

面积公式推导：从"怎么想到的"谈其落脚点

在小学数学课堂学习中，平面图形面积公式的推导是十分精彩的一部分。虽然各种图形的面积公式的推导都依赖于"化归"这一数学思想，但从战术的角度来看，化归的方式却各有不同，这些不同的化归方式，学生是怎么想到的？目前在课堂教学过程中，教师往往把化归方式直接呈现给学生，学生只是用教师提供的方式见证了果然是可以化归的。但学生疑惑的是：老师是怎么想到这种化归方式的呢？

这里试着从这个角度来谈谈教师在平行四边形、三角形、梯形、圆形的面积公式推导过程中，如何凸显思想的发生，以及如何来充分实现这些教学内容中蕴藏的数学教育价值的。

平行四边形面积公式推导：怎么想到割补化归的？

在平行四边形面积公式推导中，老师会开门见山地问学生：你有办法把平行四边形转化成长方形吗？

学生有时候看过书，会说剪掉一只角拼过去，就是长方形。老师就会说：大家来试试看。于是全体学生来一番操作演示，学生明白了，平行四边形是确实可以转化为长方形的，记住公式，问题就解决了。

这样看似成功的教育后面，掩盖着这样的问题：为什么要把平行四边形转化为长方形？你是怎么想到把平行四边形转化为长方形的呢？这样的问题，是平行四边形面积公式的这一推导过程有别十长方形面积公式推导的数学价值所在。

怎么来解决呢？我提供如下过程。

环节一：用面积板来讨论平行四边形的面积

问题：这个平行四边形的面积是多少？（见下图）

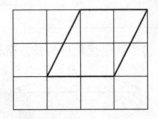

【说明：在长方形面积公式的推导中，曾经安排学生用平方厘米的单位来摆一摆，这就形成了面积板这一教学用具的表象。事实上，所有图形的面积计算方法都是在面积板无法解决面积问题时的变通方法。】

环节二：讨论——你是怎么数的？

问题：半个、小半个怎么数呢？（见下图）

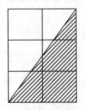

【说明：学生在数的过程中，意识到将上面不完整的三角形补到下面那个不完整的三角形上，正好是一个面积单位。】

环节三：重复这个过程，在数方格中强化移补的方法

环节四：讨论——刚才数方格的时候把一块补到另一块上，那补之前与补之后有什么区别？

【说明：让学生体会，数方格前是平行四边形，数方格时其实已是长方形了。】

环节五：讨论——前面两个图形间的关系（略）

以上环节想说明的是，学生的化归思想缘于直观的数方格，他们想把方格补完整来数就实施了这种朴素的化归方法。因此，平行四边形转化为长方形，首先的剪拼模型是这样的（见下图）：

我们书上提供的剪拼方法是优化后的补方格方法（见下图）：

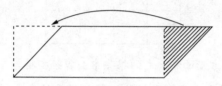

因此，在平行四边形的面积公式推导过程中，我们教师教学设计的落脚点，应该在学生数方格中经历方格的割补凑整到图形的割补转化的递进，以此实现与学生经验的无缝对接。

三角形面积公式推导：怎么想到剪拼化归的？

在学习完平行四边形后，学生来学习三角形面积公式的推导。学生对通过剪拼将三角形转化为平行四边形，是不难实现的，这是对方法的再一次应用。但是，对通过拼上一个完全一样的三角形来实现转化，学生是十分难以想象的，我们的数学教材也是直接告诉学生用两个完全一样的三角形来拼成一个平行四边形，这基本上属于任务驱动。这样的结果又一次掩盖了三角形面积公式推导所蕴含的数学价值。

三角形面积公式的推导可以迁移运用平行四边形的化归方法，即割补法；但同时又有属于它自己的化归方法，即剪拼法，而剪拼法需要更强的空间想象能力。因此，三角形面积公式推导的教学要在这一点上有所凸显。

我在让学生给两个完全一样的三角形拼图之前，增设了以下教学过程。

环节一：复习，看下列图形，回答老师的问题

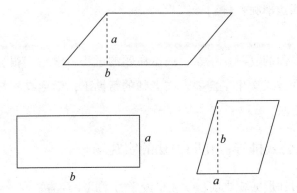

问题：

（1）这些图形都是什么图形？

（2）它们的面积各是多少个面积单位？

（3）怎么求它们的面积？

【说明：复习平行四边形面积公式的推导及应用，形成认识基础。】

环节二：请大家观察老师的行为（结果见下图），回答老师的问题

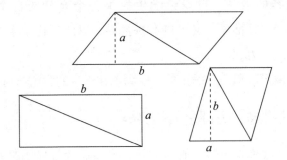

问题：

（1）老师做了什么事？

（2）老师这样做的结果是什么？

（3）你能在这个过程中得出什么结论吗？

【说明：对角线将平行四边形分成了两个完全一样的三角形，从而得出结论：任何一个平行四边形都是由两个完全一样的三角形组成的。】

环节三：讨论——是不是任何两个完全一样的三角形都可以拼成一个平行四边形呢？（略）

通过上面的复习、观察、提出命题的过程，学生们很自然地对剪拼化归这种方式产生了需要。在老师的帮助下，学生在不知不觉中实践了化归方法。

梯形面积公式推导：化归方法的实践场

在学习梯形面积之前，学生已经学习了以下内容。

（1）长方形面积公式推导（从实证到抽象）；

（2）平行四边形面积公式推导（从数数到剪拼化归）；

（3）三角形面积公式推导（从观察发现到剪拼化归）。

那么，梯形面积公式推导有新的东西吗？落脚点在哪里呢？

我个人认为，梯形面积公式推导是平面图形面积公式推导教学环节中的一个实践场地。

这个内容的教学，可以给学生提供一个充分的自主推导的过程——既可以割补推导，又可以剪拼推导，以此强化学生对化归方法的理解，形成能力。

因此，梯形面积公式的推导，落脚点在学生的尝试与讨论上。

圆面积公式推导：方圆之间的突破

圆面积公式推导，是所有平面图形面积公式推导中最难的，它的难不在于化归思想的应用，而在于方圆之间的空间观念上。学生通常把圆和方截然分开，对圆转化为方始终心存疑惑。因此，圆面积公式推导的落脚点不在于演示转化过程，而在于突破学生头脑中的方圆之间的障碍。那么，如何突破呢？我提供以下材料。

材料一

请观察：

正三边形　　正六边形　　正十二边形　　正二十四边形　　正__边形

问题：圆是几边形？

材料二

请观察：

三个等腰三角形　　六个等腰三角形　　十二个等腰三角形　　___个等腰三角形

问题：圆是由几个等腰三角形组成的？

这两份材料的作用，就是使学生在观念上将方和圆融合在一起——方在一定状态下成为圆，圆里蕴含着许多个方。因此，圆可以转化为方。圆是由无数个等腰三角形组成的，自然可以通过分割为等腰三角形来转化。

有了这个观念做准备，圆面积公式的推导难度就降下来了，学生将圆转化方的思路也就顺畅起来了。

结语

平面图形的公式推导一共有五个内容，五个内容中有四个都是对化归思想的体现，但在统一的数学思想下面却有不同的策略。本文从"怎么想到的"这个角度来讨论后四个面积公式推导的落脚点上的差别，解析每一个面积公式推导所蕴含的数学价值，使学生在每一节课中有数学知识（面积公式）以外的数学收获，体会学习的快乐。

🌱 种子课例

"圆面积公式推导" 教学讨论

回顾：我们是这样教的

小学六年级数学有"圆面积公式推导"一课。目前，我们的教学一般是这样的：

（1）操作：分割圆拼成平行四边形。（见下图）

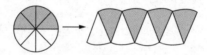

（2）想象：分得越多，线就越平。（见下图）

 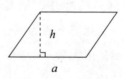

（3）指导：根据平行四边形面积公式推出圆面积公式。

$$S = \pi r^2 \leftarrow S = ah$$

$$a = \frac{1}{2}c = \pi r$$

$$h = r$$

（4）运用公式计算圆面积。（略）

分析：这个过程错在哪里？

这个推导过程，我们进行了很多次。我们理所当然地认为应该是这样教的。但是，如果我们站到学生角度去思考，这个过程有两个地方是有问题的。

【问题一】斜边和高，哪条边是 r？

圆面积的公式推导斜边，是将圆通过分割转化为平行四边形来进行的。

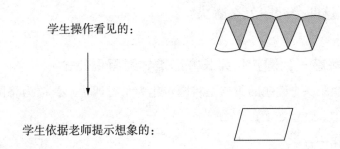

学生操作看见的：

学生依据老师提示想象的：

在想象的平行四边形中，有一个基本的事实：这个平行四边形的斜边是圆的半径。于是，就有了这样一个困惑：$h=r$？

事实上，我们在圆面积公式推导过程中，没有一位学生会提出这个问题。于是，都由 $S=ah$ 推得 $S=\pi r^2$。

这个事实引起的困惑，若学生得不到疏解，就如同血管里面存有脂肪，可能会引起血管堵塞一样，会引起学生对数学思考的疑惑。

【问题二】分得更多，真的是直线吗？

学生在操作中得到的是如下形状：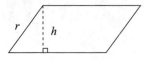。从分割成 16 份到分割成 32 份，这条边线会变成如下形状：━━━━━━━━。以此类推，这条线最后无论分成多少份，学生想象的都是呈现曲线特征的，如━━━━━━━━。因为在学生的认知中，曲线始终是弯的，只是弯大弯小而已。

学生是这样想的，可老师说最后是直的，学生并不反对，也跟着说是直的。这是一种对大人的无奈，也是认为数学不可理解的原因所在。

这样的不可理解多了，学生就会放弃对数学的理解，只求记住。管它怎么来的，记住公式就好了。

从学科育人的角度来看待我们和教学的这种状态，我们培养了何种学习态度？最后又会成长为学生的何种人生态度？

解惑：这两个问题怎么解决？

【解惑一】圆转化为长方形推导圆面积公式

解决第一个问题的策略是将圆转化为平行四边形，改为将圆转化为长方形。过程如下。

操作一：

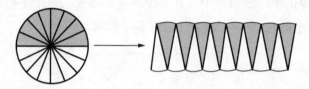

操作二：

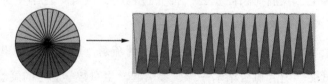

讨论一：在两次操作中，引导学生从两个方向去观察。

观察一：半圆弧的分割线如下图所示。

结论：会越来越接近一条直线。

观察二：半径与弧的连接如下图所示。

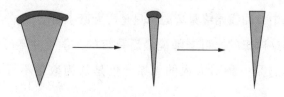

结论：随着分的块数越来越多，每块越小，半径与弧间的关系越来越接近直角。

讨论二：两个方向不断趋近，最后会成为一个长方形。

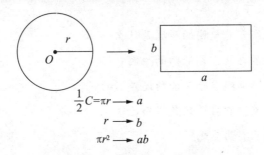

$$\frac{1}{2}C=\pi r \longrightarrow a$$
$$r \longrightarrow b$$
$$\pi r^2 \longrightarrow ab$$

【解惑二】如何让学生相信曲线是会成为直线的？

要解决这个困惑，功夫光下在这节课是不够的。就小学数学而言，这个困惑的解决需分布在三个教学活动中。

教学活动一：线的认识——认识线无曲直。

教学活动二：圆的认识——化直线为曲线。

教学活动三：圆面积公式推导——化曲线为直线。

现分述如下：

教学一：线无曲直。

四年级有一节课是"线的认识"。在认识线时，很重要的一个内容便是认识线的基本属性为长短。但在生活中，线除了有长短外，还有曲直、粗细。因此，需要在这一课时中让学生体会线无曲直、线无粗细，明确曲直、粗细并非线的基本属性。

……

师：同学们，大家都说线分曲线和直线？

生：是的。

师：请大家说说看，你是怎样来区分曲线和直线的？

生：只要不直的就是曲线。

师：（两只手拿起一条线且拉直）同学们，这条线是什么线？

生：直线。

师：（两只手往中间靠拢）同学们，这条线是什么线？

生：曲线。

师：这条线一会儿是曲线，一会儿是直线，那这条线到底是什么线？

生：（发呆了）……

师：这条线变直变曲的原因是什么？

生：是老师在拉，是老师的原因。

师：很好，那线自己是曲的还是直的呢？

生：不知道，它自己只是线而已。

师：线自己有曲直吗？

生：没有。

整个过程，学生从前确认的线有曲直的生活经验被颠覆了。因为在这一过程中，老师通过一个活动把生活中的线分为现象与本质。从现象上看，线是有曲直的；从本质上看，线是无曲直的。而这种现象与本质相关内容是无法用语言向学生讲明白的，只有在这样的活动中让学生有所感悟，有所体会，有所惊诧，有所疑惑。而在惊诧和疑惑中，关于线的现象与本质的体会便已在其中。

原来的关于线有曲直的根深蒂固的观念被动摇，继而慢慢树立起关于线无曲直的认识。线的曲直由"二"（即曲直不可逾越）的状态变成了"一"（即曲直可以统一）的状态。

教学二：由直而曲。

在五年级"圆的认识"这一课中，圆的特征是曲线。这是与前面的图形在外观上最大的不同。因此，"圆的认识"就有必要在直线与曲线上再一次连接，使四年级"线的认识"中埋下的线无曲直的种子得到一次伸展。

材料：把正三边形每条边从中间折断，就得到正六边形；然后又把每条边的中间折断，又得到正十二边形；……依次不断进行，得到下页图：

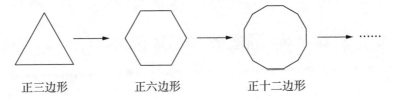

正三边形　　　　　　正六边形　　　　　正十二边形

问题讨论：

问题一：依次不断折，一直到最后，它会是个什么图形？

结论：最后是一个圆。

问题二：圆是几边形？

观点一：圆是无数边形。

观点二：圆是一边形。

讨论一：为什么认为圆是无数边形？

正三边形──→正六边形──→正十二边形──→正二十四边形……。
不断分边，越多越圆，因此，圆是无数边形。

讨论二：圆是一边形的理由呢？

没有理由。一看就是一边形。

讨论三：无数边形是观察推想出来的，是无数条直边。一边形是
观察得来的，是一条曲边。谁对呢？

结论：都对，无数条直边组成了一条曲边。

教学三：化曲为直。

有了前面的两个学习活动铺垫，在"圆面积公式推导"中，跟学
生说最后会变成直线，学生自然是理解的。

结语

回望"圆面积公式推导"，我们已经错得太久。作为知识的公式本
身是没有错的，错的是我们的推导过程所蕴含的困惑。数学是严谨的，
整个推导过程是科学严密的。若我们的推导过程存在让人感到疑惑之
处，则我们呈现给孩子的思考就是有瑕疵的。这种瑕疵的发生，只能
说是因为我们还没有想明白。

问题解决：解题能力的培养路径

问题解决，以前叫应用题，分为一般应用题和典型应用题。现在因为统称为问题解决，而且都放在运算后面，也放弃了从前的关系等式及相应的分析法与综合法。为此，老师们疑惑：不用数量关系式，也不用分析法和综合法，那么，我们怎么指导学生审题呢？这里试着陈述一种可行的审题思路，与大家讨论。

基于原型建立运算意义

本人在《关于运算意义构建的思考》一文（见本文后附文）中有过讨论，培养学生问题解决的能力，首先，也是最关键的一步，是让学生建立起运算意义。运算意义的建立不要超越生活，而要严格地基于生活。

在生活中，运算分为两种基本型：

相合的运算，用加法表示。

相分（含相比）的运算，用减法表示。

每一种基本型中均有一种特殊型：

相合中的等合运算，用乘法表示。

相分中的等分运算，用除法表示。

为什么要这样呢？

问题解决中，首先要解决的一个问题是，我们用什么运算来解决？是加法、减法，还是乘法、除法？运算的选择基于对问题情境的判断，因此，在学习问题解决方法之前，关键的一点是明白四种运算分别对应的生活原型，建立起合理的运算意义。

一审情境——一步问题的审题重点

问题解决能力的培养，是贯穿于小学数学学习始终的。始，就是始于运算意义的构建；终，则是指审题能力是经由多个培养节点后自主发展的一个持续过程。在这些培养节点中，一步问题的审题能力培养是十分重要的。审题审什么？首先是审问题的"境"，即情境——是合之境、分之境，抑或等合之境、等分之境。

我们举例来说明。

例1：小花买糕饼用了 10 元钱，买饮料用了 8 元钱，一共用了多少元钱？

审题：

读题：去买东西，买两样东西，共付多少钱？

审境：合之境，合买。

解决：用加法，糕饼+饮料。

列式：10+8。

例2：小花带了 18 元钱，买糕饼用了 10 元钱，其余买饮料，买饮料用了多少元钱？

审题：

读题：18 元钱买两样东西——糕饼和饮料。

审境：分之境，分买。

解决：用减法，共用钱-糕饼。

列式：18-10。

例3：小花买糕饼用了 10 元钱，又买了饮料后共付 18 元钱，买饮料用了多少元钱？

审题：

读题：去买东西，买两样东西，一共18元。

审境：合之境，合买用了18元。

解决：用加法，糕饼+饮料。

列式：10+□=18。

分析一：例1与例2

例1与例2都是买糕饼与饮料。就量而言，都是部分量、部分量与总量的关系，但不同的是：例1的总量不是预先设置的，是由部分量产生出来的，所以，是合之境。例2的总量是预先设定的，是带着18元钱去的，所以，它是分的过程，是分之境。

分析二：例2与例3

例2与例3都已知部分量10元和总量18元，求另一部分量，为什么例2是减法，例3是加法呢？

原因是境之差别：例2是带着18元钱去买的，例3是买成18元。尽管已知量一样，境却不一样。因此，例2用减法：18-10；例3用加法：10+□=18。

尽管10+□=18可以转化为□=18-10，但审题的境已蕴于其中了。并且，这样的审题也可以避免列方程解应用题时出现18-10=x这样的方程。

以上选用了加、减的例子，乘、除在这里就先略过了。

二审情节——两步问题的审题重点

境和境串起来，就成了一个节，即情节。

审情节，有两个内容：

一是分别是什么境；

二是境的先后是如何呈现的。

我们来举个例子。

例4：小花买糕饼用了10元钱，买汽水2瓶，每瓶4元，一共用

了多少元钱?

审题:

读题:买东西,买两样东西。

审境:有合之境,用加。有等合之境,用乘。

审节:合为大境,等合为小境,大境中套了小境。

解决:糕饼+汽水(每瓶钱×瓶数)。

列式:10+2×4。

在这个例子中,我们的目的是让学生学会对问题中的情节进行把握。这种审题方式,其实与语文中的文本分析思路是一样的。

审情节,主要是分清境与境之间的序。如同卫星探物,先看到一个大境,再拉近焦距,又看到一个小境,并且明白两个境之间的关系。

举一反三——三步问题的审题重点

有了前面三个环节的精心培养,接下来就要培养学生举一反三、由二及三的解题能力,让学生们能够在自主或准自主的状态下,在审情境与审情节过程中解决三步、四步问题。

我们来举例说明。

例5:小花买糕饼5个,每个2元;买饮料2瓶,每瓶4元。一共付了几元?

审题:

审境:有合之境,用加法运算。有等合之境,用乘法运算。

审节:大境为合,小境为两等合。

列式:5×2+2×4。

在教学方法上,采用学生自主练习、课堂讨论等形式,让学生们慢慢地熟练起来。

结语

用运算意义去解决问题,一般流程可以描述如下。

(1)读题:说了一件什么事?哪几件事?

不外乎四件事：合、分、等合、等分。

（2）读题：说了哪几件事？这些事的先后顺序是怎么样的？

指两步、三步再到更多步的问题解决。

（3）列式解答。

这种解题流程，与学生在语文中的文章阅读流程大致是吻合的。

（1）读文：说了一件什么事？（发生）

（2）读文：这件事情是怎么说的？（发展）

发生的是事的类型，发展的是事的情节。

这样统一之后，学科之间的能力整合就会显现出来，数学解答能力就不会被淹没在数量的碎片之中了。

附：关于运算意义构建的思考

小学数学中的运算主要指加、减、乘、除这四种。目前，我们对这四种运算的定义基本上是这样的——

加法：将两个数合并成一个数的运算叫加法。

减法：已知两个数的和与其中一个加数，求另一个加数的运算叫减法。

乘法：求几个相同加数的和的简便运算。

除法：已知两个因数的积与其中一个因数，求另一个因数的运算。

从这些运算定义来看，加法是所有运算的源头。因为减法是依据加法来定义的，是加法的逆运算。乘法也是依据加法来定义的，是加法的简便运算。除法是乘法的逆运算。（见下图）

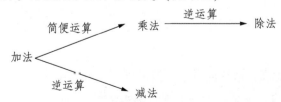

由此看来，所有的运算本质上都是加法。

那么，这样的定义合理吗？

一、意义构建的两种基本样式

本人在前文《数学概念：从学生的"明白"出发》中，对概念的意义构建做过分类，大致为：

类型一：概念本身能够在生活中找到原型。学生在生活中因为对原型的经历，已经对该概念所包含的内涵和外延有了理解。我们把这种概念的意义构建表述为：

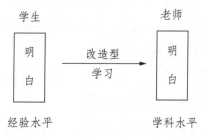

类型二：概念本身在生活中找不到原型。学生在生活中没有关于该概念的任何经历。我们把这种概念的意义构建表述为：

按照这两种分类来考察目前我们对运算意义的定义，应该属于第二种：将学生视为空白来定义运算意义。即先定义一个加法，再以加法为标准来定义减、乘、除，形成小学阶段的运算系统。

这样的意义构建合理吗？

二、加、减、乘、除的运算原型

加、减、乘、除在生活中是各有原型的。

生活中的所有运算可以分为两类：合与分。

这两种运算用政治语言来表达即统一与分裂，用物理语言可以描述为聚与裂，用伦理语言来描述可以为结婚与离婚等。而用我们数学语言来表述，就是加与减。

由部分而为整的，我们称之为合，即加。

由整而为部分的，我们称之为分，即减。

在生活中，是先有分还是先有合？

若先有合，那部分从何而来？若先有分，那整体又从何而来？

因此，分与合可以转化，却不可以从属。分与合是独立而又彼此相通的两种运算。合久必分，分久必合。合就是分，分就是合。

何为合，何为分，学生在生活中已经有了充分的认识，绝不会混淆。

另外，比是分还是合呢？

生活中有许多关于比的原型。就境而言，比应该属于分，即把一个比较物分为另一个比较物与其余部分。

讨论了加与减之后，再来讨论乘和除，乘、除有原型吗？

生活中的运算分为合与分，这个世界是秩序井然的，是赋予生命以安全感的，这种秩序井然与安全感是怎么来的？是因为这个世界的合与分是充满规律的，这种规律性表现在运算上就是等合与等分。

什么是等合？比如今天合进来的一天有24小时，那么明天合进来的一天也是24小时，不会突然变成2小时。这种等合是这个世界有序与安全的原因所在。这种等合原型，生活中比比皆是，将此种原型定义为乘法。

那么等分呢？这种分法当然更普遍了，我们将等分定义为除法。除法首先是独立于乘法而存在的一种运算，其次是可以与乘法相转化的一种运算。

如果这样的认识成立，那么，小学数学的运算体系可以描述为：

三、为什么要讨论这个问题？

我们为什么要讨论加、减、乘、除的意义构建呢？

我们先来分析一个案例。

小学一年级的数学老师都有一种纠结来自以下一类题目（见下图）：

这幅图用一个算式来表示，正确的是：5-2=3。

但学生很喜欢用下列算式来表示：

2+3=5；

3+2=5。

怎么跟学生讲也讲不明白，结果现在许多地方在改革的旗帜下变成这样的题目了（见下图）：

让学生填出三个算式：

5-2=3；

5-3=2；

$2+3=5$。

老师们千万不要小看这种题目的随意性给孩子数学学习带来的伤害。造成这种困顿的原因来自我们对运算意义构建的不合理。

我们来看这两幅图。就图境而言，它是在分还是在合？显然，所有小朋友都会认为这是一个分的境，树上飞走了两只鸟——分走了，用减法。但就量而言，是两个部分，即飞的部分与不飞的部分，这两部分就在同一幅画中，自然是用加法。

而我们小学数学加法的运算意义正是基于量的判断而建立起来的。学生正是用我们所教的意义来认识的。

我们现在在教学中遇到了问题，没有去真正认识问题，而是用一种和稀泥的方法掩盖过去，还美其名曰一题多解，是一件十分有后患的事情。

四、意义，问题解决的审题抓手

课改之前我们叫它解应用题，课改之后的今天我们叫它问题解决。

课改之前，我们教学生解应用题，总是先让学生熟背数量关系式，也叫关系等式：

部分数+部分数=总数；

大数-小数=相差数。

运用关系等式，用综合法与分析法来解决问题。如：

二班采摘了 15 千克水果，三班采摘了 20 千克水果，一共采摘了多少千克？

（1）分析法（见下图）：

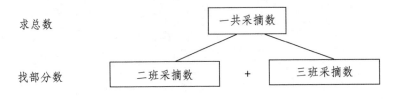

求总数　　　　　　　　　　一共采摘数

找部分数　　　二班采摘数　　+　　三班采摘数

（2）综合法（见下图）：

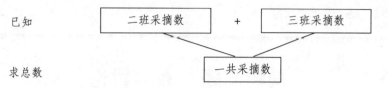

已知   二班采摘数 + 三班采摘数

求总数   一共采摘数

课改中觉得这样太难，就把关系等式废除了，分析、综合法也不用了。老师们觉得没法教，因为没有抓手，所以还是偷偷地用老办法。

本次各个版本的教材修订，好像关系等式又有所出现，但出现得不尽兴，老师们摸不清是啥意图，于是仍按自己的老办法在教。

个人认为：问题解决不用数量关系是不要紧的，数量关系是建筑于相应的运算意义之上的，我们不用数量关系就要相应地改变运算意义的建构。

我们再来举个例子，不同的意义建构就带来不同的审题过程：

两个班共采摘水果 35 千克，一班采摘了 15 千克，问二班采摘了多少千克？

（1）版本一：读题，已知总数和部分数，求另一个部分数，用减法。

列式：35−15 = _____。

（2）版本二：读题，这是一个合境，用加法。

列式：15+○ = 35。

这就是两种不同的意义构建带来的不同审题。

五、结语

加、减、乘、除是对生活原型的定义，问题解决的情境就是一个理想化的原型。只有运算意义符合生活原型的时候，运算意义才成为问题解决的审题基础。

种子课例

"植树问题" 教学讨论①

2015 年 1 月，在俞正强名师工作室团队活动中，我们对"植树问题"进行了研究与探讨。从传统的教学，到我们的理解演绎，最后经由师傅论道，使我们在这次活动中受益颇深。

且读他人思路

"植树问题"是一个经典的问题，各版本教材都有涉及。过去的"植树问题"教学，基本如此：

1. 呈现学习材料，引导观察分析"棵数"与"段数"关系的三种情况。

2. 小结出"棵数"与"段数"的关系：两头都种，棵数＝段数＋1；两头都不种，棵数＝段数－1；一头种一头不种，棵数＝段数。

3. 将此公式模型应用于实际问题。

前两个环节中，学生能够亦步亦趋地理解三种情况下棵数与段数的关系；到第三个环节时，学生往往一筹莫展，不能正确运用，特别是分不清什么是"树"，什么是"段"，到底谁多谁少，导致解决问题失败。

对前人教学"植树问题"的解读，我们深刻的感受是：（1）教知识点而非培养解决问题的能力；（2）死套公式导致学习效率低下。

且看我们演绎

我们对各版本教材关于"植树问题"的编写进行了分析与比较，

---

① 本文作者为浙江省金华市婺城区教师、俞正强名师工作室成员章颖。本文发表于《小学数学教师》2015 年第 7、8 期，收入本书时题目、内容略有改动。

发现苏教版教材的编排很是独特。苏教版教材一改"植树问题"中建构"点与段的关系"模型为"找规律"，以"一一对应"的思想方法来解决"植树问题"。这给了我们启发，"植树问题"本来就隶属于问题解决，而问题解决的灵魂，应在于数学思想方法，而非具体的知识点。应该说，苏教版教材将"植树问题"定位于"找规律"，以"一一对应"的思想建模，准确地抓住了问题的本质特征。

由此，我们演绎课堂如下。

(1) 认识"间隔排列"，初步感悟"一一对应"。

呈现桃树和柳树图片，提问：桃树和柳树是怎样排列的？

生1：一棵桃树，一棵柳树，又一棵桃树，一棵柳树，这样排列下去。

生2：可以把一棵桃树和一棵柳树看作一组，一组一组地出现。

师：是的，像这样两棵桃树间隔着一棵柳树，两棵柳树间隔着一棵桃树，相间排列，就叫作"间隔排列"。（板书课题：间隔排列。）

师：再次观察图片，有节奏地读一读，有什么感受？

生3：每棵桃树后面都跟着一棵柳树。

生4：我来补充一下，一棵桃树一定对应着一棵柳树。桃树有几棵，柳树就一定有几棵。

师："对应"这个词用得真好！也就是每棵桃树都有自己的柳树相对应着，是这个意思吗？如果有2棵桃树，就一定有……；有10棵桃树，就一定有……

(2) 在具体情境中，继续感悟"一一对应"中完整与不完整的两种情况。

①比较完整与不完整两种情况。

学生先观察，再讨论交流：下面两组物体是不是一一间隔排列？哪两种物体一一间隔排列？谁多谁少？你是怎么知道的？（见下面图①和下页图②）

①

②

生：图①中一个苹果对应着一根香蕉，苹果和香蕉一样多；图②中最后一个苹果没有香蕉对应，所以苹果比香蕉多1。

小结：两个物体依次摆放，当完全对应时，数量相等；当不完全对应时，先出现的物体多1。

②抽象为物体与间隔的关系。课件隐去香蕉，留下苹果，如图③所示。

③

师：这幅图又有了变化，只剩下了一种物体，但物体和物体之间出现了什么？

生：出现了间隔。

师：比较物体之间的间隔数，你发现了什么？

生1：物体和间隔本来是一一对应的，但最后一个苹果没有了对应，所以苹果比间隔多1。

生2：可以把空着的地方想象成香蕉，这样就跟图②的情况一样了。

小结：一种物体有规律地摆放，也可以当成物体与间隔之间的一一对应。

（3）将一一对应思考的方法进行解释与应用。

①师：生活中有这样一一对应的情况吗？举个例子。

结合电线杆、锯木头、种树等情境图，进一步巩固间隔排列中一一对应的分析方法。

②以主题图"装扮教室"为例。

元旦快到了，大家一起装扮教室，在一条长20分米的黑板边上，挂着灯笼和彩带，每5分米长的彩带挂1个灯笼。可以挂几个灯笼？

要求学生尝试画一画，列一列算式，说明自己的设计。

反馈：你是怎么挂的？明确什么物体和什么物体是一一间隔排列？是怎么排列的？说说每个算式表示的含义。

③呈现各种类型的"植树问题"，引导分析解决。（略）

课后，工作室的学员展开了讨论，主要观点如下。

（1）以"一一对应"的思想理解点段关系模型，的确优于传统"植树问题"的教学方式。从前两个环节的教学可以看出，孩子们在情境中非常轻松地完成了对于用"一一对应"思想方法思考点段关系的理解。比如，移去香蕉，只留下苹果，学生依旧能"不见香蕉，却如有香蕉"地去思考苹果与苹果之间间隔数的问题。

（2）在具体解决问题时，以先画一画再列算式说明的方式阐述解决问题的过程，较好地展现了学生将"一一对应"思想用于解决问题的能力。比如，在解决挂灯笼问题时，学生所画的线段与点，非常清晰地展示了将具体事物抽象为数学"一一对应"的过程。

（3）在最后解决各种类型的"植树问题"时，学生又出现了不清楚什么是间隔、什么是物的模糊。

反思课堂，虽有进步，但未能从根本上由"物与间隔"的对应上升到"点与段"的对应，这就仍会导致学生在具体情境中不能准确辨认什么为"物"，什么为"间隔"，即传统教学中永远分不清的"点"与"段"。

且听师傅论道

一筹莫展之际，师傅俞正强拿起粉笔，展开了他的教学。

（1）出示问题①：20米路，每5米一段，一共分了几段？（在黑板上画了一条直线。）

生1：5段，$20÷5=4$，$4+1=5$。

师：有没有不同的做法？

生2：4段，$20÷5=4$。

师：为什么要用除法来做？为什么不用20+5，不用20-5、20×5？

生：题目说每5米一段。

师：这是在干什么？

生：平均分。

师：（面向第一位学生）5 段是怎么来的？

生 1：奥数老师教的。（这位学生在课外的奥数班学过"植树问题"，将这类问题统统模糊成了"植树问题"。教师再次问他 5 段是怎么来的，以此来帮助纠错。）

（2）出示问题②：20 米路，每 5 米种一棵树，一共种几棵树？

师：（采访一名学生）你不会做？

生 1：有点不会。

师：那就是有点会做，你说一说。

生 1：老师教过了，这是"植树问题"。把 20 米分成 4 段，头尾都种树，要加上 1 棵。

生 2：20÷5＝4，边上要种加上 1。

生 3：4 个间隔要种 5 棵。

板书：4 个间隔 20÷5＝4，5 棵树，4+1＝5。

（3）引导比较，进行梳理。

师：这两道题像吗？像在哪里？哪里不像？

生 1：都是 20 米路。

生 2：都有一个一模一样的算式：20÷5＝4。

师：为什么都要用除法做呢？

生：因为是平均分。

师：不一样的是什么？

生：问题①有一个算式，问题②有两个算式。

师：既然两题都是平均分成 4 段，为什么第②题要再加 1？

生：因为头尾两端都要种。

师：如果头尾都要种，那不是要加 2 吗？为什么只加 1 呢？

学生答不上来。

师：同学们，平均分是一段一段分的，但是种树的时候是种在哪里的？

生：种在段与段的点上。

师："点"和"段"有什么不一样啊？种是种在"点"上的，咱们平均分是分出"段"来的。那么，一段有几个点啊？

生：两个。

师：两段有几个点啊？

生：三个。

师：三段呢？四段呢？请问，点和段之间有什么关系？点多还是段多？

生：点多。

师：怎么个多法？

生：一段线两个点，两段线三个点，三段线四个点……

师：那么，点比段多几？

生：点比段多 1。

师：在平均分的除法里面，点比线多 1，而植树是正好植在什么地方？

生：点上。

（听到这里，我们似乎有些明白了。师傅认为，这个问题应先让学生理解 20÷5 求的是段，再抓住点与段的区别，从而理解点与段的关系。）

(4) 清晰对"植树问题"的认识。

师：除了园林工人把树种在点上，还有什么人把什么放在点上？

生：工人把路灯放在点上。

教师结合学生的回答画了一幅草图，并解释这里把树变成了路灯。

生：红绿灯，插旗子，楼房上的窗户……

师：继续说。

说着说着，学生忽然悟出了道理。有个学生站起来说：老师，只要是平均分的，都是放在点上！

……

引导学生回头看问题①和问题②：问题①是什么问题？（平均分。）

问题②是什么问题？（"植树问题"。）"植树问题"用什么知识来解决？
（平均分。）

小结："植树问题"是平均分的应用。

（5）在具体情境中领会平均分在"植树问题"中的应用。

情境①：问题②中，园林工人领了5棵树，到那里一看，发现路的尽头有座房子。怎么办？

生1：拆房子。（众生笑。）

生2：一头不种。

师：这个点不种了，那树怎么办？

生：减1。

情境②：一个小朋友领了5棵树，种好了还我2棵，这是为什么？

生：两头都有房子，不种！

小结：怎么植树要看具体情况。

追根溯源，用于非"常"

讨论时间，师傅先问了我们一个问题："植树问题"的源是什么？正是对这个问题的讨论，以及师傅的解说，结合传统教学、我们的演绎、师傅的课堂，使我们对"植树问题"有了更深刻的认识。

1. "模型"是"植树问题"的源吗？

在传统教学中，一般把"两端都种""只种一端"与"两端都不种"三种类型的区分及相应的计算方法看成是一种"模型"。为了达成知识目标，教师往往带领学生一一总结公式（甚至要求背熟），然后变化问题情境训练解题技能，让学生牢固掌握并直接运用。因而，绝大多数学生解决"植树问题"时，首先想到用除法：路的总长÷间距＝棵数；其次看题中是否有"两端种与不种"的明确提示语，以此决定是否加1或减1。然而，多数问题是隐藏提示语的，学生只能凭自我感觉决定是否加1或减1。如此就造成学生对三种计算方法的机械应用，在解题错误百出的同时也束缚了学生的思维。由此可见，"模型"并非解决"植树问题"的关键因素。

2. 什么才是"植树问题"的源？

"植树问题"是研究"树的棵数"与"两树之间间隔数"之间数量关系的问题，其实质是研究点与段的问题。如何让学生建立"点""段"关系呢？

我们的教学，是把"植树"这件事，根据"树"与"间隔"所呈现出来的内在规律，在简化后得到一个抽象结构——点与段的一一对应关系；用直观图理解"一一间隔排列"规律，学会用"一一对应"的方法来分析两个量之间的数量关系；研究具体的实际问题，得出灯笼与彩带是"一一间隔排列"的，并能运用规律分析它们之间的数量关系；再沟通不同情境间的内在联系，抽象出这类问题的共同本质特征"一一间隔排列"，并进一步巩固"一一对应"的分析方法；最后运用总结出的思想、方法解决简单的实际问题。

而师傅的教学，是直接从除法的意义入手，结合学生已有的知识基础和生活经验，从除法问题引申出"植树问题"。通过"20米路，每5米一段，一共分了几段"和"20米路，每5米种一棵树，一共种了几棵树"这两题的比较分析，一来帮助学生理解这两道题都是平均分，二来让学生明白两者的区别在于平均分是一段一段地分，而植树是种在段与段之间的点上。进而，让学生认识到"植树问题"只是除法意义在生活中的延伸，明白"植树问题"其实只是点和段的问题。接下来，结合"植树问题"的生活原型重点教学"两端都种"的情形，并且着重沟通数学与生活原型之间的联系，从而让学生在深刻建构"两端都种"的基础上，顺势带出另外两种"植树问题"模型，学以致用。

从某种角度说，从找规律入手，让学生体会规律的有用，很多课都可以达成。而对点和段的感悟，丰富了对平均分的认识，离开了这节课，其他课很难实现，具有唯一性。

3. 追根溯源，用于非"常"

也就是说，师傅认为："植树问题"的源是平均分与对平均分的应用。

平均分有两种，一种是完全平均分，如 8÷2；一种是不完全平均分，如 9÷2。不完全平均分解决生活中的余数问题，完全平均分带来段和点的问题。"行程问题""工程问题""总价问题"等都是研究段的；而"植树问题""锯木头问题"都是研究平均分中点的问题。"植树问题"来自哪里？来自平均分，体现学以致用的价值。应该说，"植树问题"不是横空出世的，正如下图所示，是一点一点生长出来的。

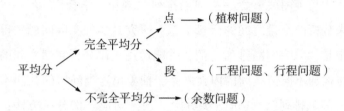

"植树问题"的源，具体到上述两个问题，就是：

20 米路，每 5 米一段，一共分了几段？（学）

20 米路，每 5 米种一棵树，一共种了几棵树？（用）

学与用不一样，学在"段"上，而用在"点"上，即求几段是在学习平均分，而用在"植树问题"中，则是对平均分这一知识的生活应用。

用师傅的话说，这叫"学以致用"。第二次"学以致用"是在三次情境设置中，即研究点比段多 1（学），延伸至一头种一头不种，以及两头都不种（用）。

正如师傅所说，学的是"常"，用的是非"常"。

对于书本中某一个知识点的教学，我们需要追根溯源，厘清它的来龙去脉，找准知识的生长衔接处，引导学生学以致用，把所学之"常"，用于非"常"。如此，教学才更能彰显教的意义和学的价值。

用"全局的观念"指导教学

——由俞正强老师的"种子课"谈开去

南京大学哲学系教授 郑毓信

《种子课 一个数学特级教师的思与行》，是教育科学出版社 2013 年出版的著名小学数学教师俞正强的一本专著。书中包括有"种子课，生成的课堂""如何上好种子课"等多项内容。本文并不试图对这一著作做出评论，而只是以"种子课"等概念特别是相关课例"厘米的认识"为背景提出笔者在这方面的一个想法，即我们应当更加重视用"全局的观念"指导数学教学。

具体地说，任一稍有经验的教师都知道，对于一堂课的内容我们应做主次的区分，并对前者予以更多的关注；与此相对照，这是更重要的一个认识，即我们应就更大范围去从事相关的分析，因为，在所说的情况下，对象更明显地表现出了"多、乱、杂"的特点，从而，为了帮助学生很好地掌握相关的内容，教师就必须对此做出整体的分析，即应通过梳理对象内在的关系与追踪相关的发展脉络，找出其中的重点，从而起到提纲挈领的作用。

更一般地说，这显然也就清楚地表明了用"联系的观点"指导教学，包括研读教材的重要性。以下就是这方面的一个实例："教学要有'长程的眼光'，应该把教学过程的每个环节看作是这节课的一个局部，把每节课看作是整个教学单元或者教学阶段中的一个局部，把每个教学单元或者教学阶段看作是整个小学阶段的一个局部。"又，"我们给教师发整套教材，让每个教师首先把整套教材的逻辑编排体系和编者的意图弄清楚，比如语文学科要给学生哪些素养、数学学科要培养学生哪些思维方式"；"然后以章节为单位进行备课，逐步树立教师的整体观念。最后具体到每一节的备课"。①

进而，这也正是俞正强老师何以提出"种子课"（以及与此直接相对照的"生长课"）的概念的主要原因，他还突出强调了"种子课"的迁移性质和生成性质："种子课就是可供迁移、可供生长的关键课。"② 正因为此，与"生长课"相比较，我们就应更加重视"种子课"的教学，从而起到"举一反三""触类旁通""促进生成"的作用："在这么多课中，怎么来判断哪一节课是种子课呢？回答这个问题其实也不难，关键是从一个系统的角度来思考，整体把握一个知识块的前生今世及后延。这个过程一定有其发生的基点（知识与经验活动相连的关键点）、发展的节点（知识与知识相连的关键点），这些基点与节点可能就是我们的种子课，一定要对这样的课花力气，精雕细琢。这些课上好了，学生的学习就不会模糊，并于非基点或非节点的生长课上鼓励学生自己阅读，自己思考，就不难了。"③ 当然，这也正是俞正强老师这一工作的一个重要特点，即主要采取了生成的观点，并因此而将作为知识发生直接起点的经验也考虑了在内。

俞正强老师的这一工作对于一线教师改进教学，包括如何很好地处理"教师教学"与"学生自学"之间的关系，显然都具有重要的启示意义；但在笔者看来，我们同时也应注意防止一些可能的简单化理解，或者说，应从多个角度对此做出更深入的分析。

具体地说，所谓用"联系的观点"进行分析思考，应当说不只涉及了生成的考虑，而且也包括静态的结构分析。当然，我们不应因此而否定前一方面研究的意义，因为，学生的数学学习事实上就是认识发生、发展的

① 赖配根，钱丽欣. 重建课堂：广东省佛山市第九小学教学变革侧记 [J]. 人民教育，2011（20）：35-40.

② 俞正强. 种子课：一个数学特级教师的思与行 [M]. 北京：教育科学出版社，2013：18.

③ 同②24.

过程；但后者显然又不应被等于简单的"生成"，还应包括认识的不断深化乃至认识的必要重构等这样一些含义。我们应清楚地认识后者对于数学学习的特殊重要性，因为，这正是这方面的一个基本事实，即相对于横向的扩展也即数学知识的简单积累而言，纵向的发展对于数学应当说具有更大的重要性，而这主要地又是指相关认识达到了更大的深度，即如超越局部的认识建立起了整体性的认识，或是通过对照比较以及必要的抽象更深入地揭示出了相关知识的本质，等等。另外，还应提及的是，这事实上也正是人们在数学中特别强调"反思"或"反省"的主要原因，这也就是指，与单纯的"生成"相比较，数学认识的发展应当说更加依赖这样一种思维活动，即对先前学习过程，包括已建立认识的再思考、再认识，乃至对已建立认识或观念的否定与重构。

以下就是一些相关的论述："真正的数学头脑是思维的头脑，是内省的头脑，这也是学校应当教学生的东西。"（H. Ginsaberg 语）另外，按照著名数学家、数学教育家弗赖登塔尔的分析，数学思维的发展主要就是指由较低层次过渡到了更高的层次，但是，"只要儿童没能对自己的活动进行反思，他就达不到高一级的层次"[1]。

为了清楚地说明问题，以下再借助"厘米的认识"这一课例做出进一步的分析。

以下即俞正强老师的相关分析："厘米的认识"属于计量单位的学习，作为引入，教师在教学中往往会首先讲述引入这一计量单位的意义和必要性；而如果从更宏观的角度进行分析，我们就可发现，"学生不论是在二年级还是在四年级，都要不断重复关于计量单位意义和必要性的过程，而且就学生成长而言，可能还不止两次。因为在小学数学中，计量单位的学习内容是十分丰富的，基本贯穿了小学数学学习的始终"，包括长度单位、重量单位、时间单位、温度单位、角的单位、面积单位、体积单位、容积单位，等等。俞正强老师并因此而提出了这样一个问题："我们是不是对

---

① 弗赖登塔尔. 作为教育任务的数学［M］. 陈昌平，唐瑞芬，等编译. 上海：上海教育出版社，1995：119.

每一类计量单位的学习都要设计这样一个环节，重复这个过程呢?"①

当然，这又是俞正强老师在这方面的基本观点：我们应当"用生成替代重复"，这也就是指，由于"长度单位是小学生最早接触的，也是最基本的。因此，长度单位的学习在小学数学中应该具有种子特质"②。具体地说，就"厘米的认识"这一内容的教学而言，我们就应突出这样两个关键点：(1)"比较物"的理解（"什么是比较物"）；(2)比较物的"标准化"（"标准是什么"）；进而，如果将"分米的认识"与"米与毫米的认识"也考虑在内，则应当再增加这样一个关键点：长度单位的相对（适宜）性。俞正强老师进一步指出："假设一、二年级的长度单位是这样认识的，那么，在上面积单位的课时，就可以这样来教学。

师：同学们，我们知道对象的比较需要有单位来描述，长度有厘米，重量有克，那么现在面积的大小比较，当然也需要——

生：单位来描述。

师：面积的单位有哪些呢？这些单位分别是怎么规定的呢？这些单位之间是什么关系呢？请大家阅读书本第×页至第×页。"③

再则，"角的单位、时间单位、体积单位、容积单位的学习也一样，无非是一棵树上再挂片叶子而已"④。

俞正强老师的以上论述应当说很有道理；但笔者在此所关注的又主要是这样一个问题：就后续内容的学习而言，学生所经历的究竟是一个怎样的发展过程——是简单的扩展，就如同一棵树上不断挂上新的叶子，还是一个认识不断深化的过程，乃至包含了一定的重构？

对于上述问题俞正强老师应当说也已提供了明确的回答——"以深刻达成简约"⑤。这就是指，只有认识达到了一定深度，相关的学习活动才可能真正做到简约，特别是避免简单的重复。但是，我们究竟

---

① 俞正强. 种子课：一个数学特级教师的思与行 [M]. 北京：教育科学出版社，2013：17.

② 同①18.

③ 同①23-24.

④ 同①24.

⑤ 同①23.

如何才能帮助学生很好地实现认识的不断深化呢？

容易想到的是，这显然也就更清楚地表明了切实加强"种子课"教学的必要性，这也就是指，我们应当依据"联系的观点"很好地认识"种子课"在新的学习活动中所能发挥而且应当发挥的作用。但是，这又不是这方面工作的唯一关键：由于学生认识的发展必定有一定的过程，因此，我们就应将"联系的观点"贯穿于相关内容的全部教学过程，特别是应当随着新的相关内容的教学帮助学生很好地实现如下的转变，即由教师指导下的认识逐步转变为学生的自主认识，并能由单纯的"扩展"转变为真正的"生成"，也即能够通过新的学习达到更高层次的认识深度，特别是不仅能够较好地掌握新的知识内容，而且能够逐步建立起关于相关内容的整体性认识，并能由知识的掌握逐步深入思维的层面，即能够初步地掌握相关的数学思想和数学思想方法。

由此可见，就"计量单位"相关内容的教学而言，我们就不仅应当十分重视如何能够通过"厘米的认识"（即所谓的"种子课"）的教学为以后的进一步学习打下良好的基础，而且也应高度重视如何能够通过各个相关内容的教学帮助学生很好地实现真正意义上的"生成"，特别是认识的不断发展和深化。

以下就是这方面的一个具体建议，即在新的相关内容的教学中我们应当更加突出"类比"这样一个思想，也即应当注意引导学生通过对于新老知识的对照比较发现它们的共同点和不同点，从而促进认识的不断深化。

更为具体地说，尽管我们在"厘米的认识"的教学中已经突出地强调了引入计量单位的意义和必要性，学生可能也已初步地建立起相关的认识，但又只有通过进一步的学习，如重量单位的认识、角的单位的认识等，以及必要的对照比较，特别是相关活动共同点的分析，学生才能更好地理解上面所提及的各个关键，也即计量单位的确定性与相对性，乃至"度量"活动所体现的这样一个数学思想：数学中我们必须由简单的定性描述（"长短""轻重""大小"）过渡到精确的定量，这就是"数学化思想"的一个十分重要的内涵。

不难想到的是，上述的思维发展过程事实上也就是一个抽象的过程，即由特殊上升到了一般，而这又正是所谓的"变式理论"（特别是"概念性变式"）所给予我们的一个重要启示：成功的抽象不仅依赖于多种对象（包括"标准变式"与"非标准变式"，以及"概念变式"与"非概念变式"）的对照比较，更依赖于人们的积极思维。（另外，笔者以为，从后一角度我们也可清楚地认识单纯强调"数学活动经验"的局限性。①）

当然，除去对共同点的分析以外，这也是"类比"十分重要的一项内容，即关于对象不同点的分析，而这又不仅直接关系到新知识的掌握，也与认识的不断深化密切相关。

例如，只有从"线段的度量"过渡到了"面积与体积的度量"，我们才能帮助学生很好地理解这样一个数学思想：数学中我们所希望的是用"计算"代替直接的度量，这事实上可看成"化归思想"的一个具体应用。[应当提及，这事实上也正是俞正强老师明确提及的一个观点，即除去"厘米的认识"以外，我们也应将"长（正）方形周长（面积）"看成另一"种子课"，尽管它们被分别归属于"计量单位的认识"和"计量单位的计数"。]

在此还应特别提及这样一点，就实际的认识活动而言，我们又不应将关于不同对象异同点的分析绝对地割裂开来，而应清楚地看到两者之间的联系。例如，这显然可以被看成"长度单位"与"重量单位"的主要区别，即涉及两个不同的单位系列：（1）米、厘米、毫米与千米；（2）千克（公斤）、克、毫克与吨。但是，由进一步的分析我们显然又可发现这两者在总体上的联系，甚至还可以说是一定的共同点，即计量单位的相对性，而且，人们最初引入的计量单位往往是与自身的计量较为接近的（米与千克），然后，又都是因为实际生活的需要在"宏观"与"微观"两个方向进行了扩展，在两者之间可以说存在明显的类似之处，即如米与毫米和千米、千克（公斤）与克及吨，等等。

---

① 更多内容可参见笔者的另一篇文章：《〈数学课程标准（2011）〉的"另类解读"》（《小学教学（数学版）》2013年第3、4期）。

就"计量单位"的教学而言，笔者还愿强调这样一点，即我们应当将"计量单位的引入"与"如何进行计量"联系起来，也即应当将两者统一纳入"度量问题"进行考察。因为，只有从度量的角度进行分析，我们才可更清楚地认识引入"计（度）量单位"的必要性；另外，由此我们也可清楚地看出相关的教学活动应当同时包括这样两个重点："度"与"量"，两者可以说具有不同的本质。例如，在笔者看来，我们就可从后一角度对俞正强老师的上述课例与张齐华老师的相关课例①进行比较，特别是两者为什么有不同的教学重点。

除去各个相关内容的教学以外，这当然也是将"联系的观点"贯穿全部教学过程的又一重要环节，即我们应当很好地发挥"复习"对于促进学生认识深化的重要作用，这也就是指，相对于简单的回顾与整理而言，我们应当更加重视引导学生对相关内容从整体上做出进一步的分析思考，特别是应超越单纯的生成性分析而过渡到整体性的结构性认识上。例如，就"度量问题"的教学而言，我们在复习时也许就可引导学生积极地去思考这样一个问题：我们能否突破现有的分类与排列次序，从不同角度（即如按照图形的维度）对相关内容做出新的分析整理？容易想到的是，后一思考十分有利于学生逐步建立起这样一种认识，即数学家们为什么更加倾向于按照"由简单到复杂、由低（维）到高（维）"的次序（也即"数学的视角"），而不是由"体"到"面"再到"线"这样的次序（"日常的视角"）去进行认识。这也就如弗赖登塔尔所指出的："数学家有这样的倾向，一旦依赖逻辑的联系能取得更快的进展，他就置实际于不顾。"

最后，笔者以为，上述的分析论述显然也已清楚地表明了这样一点：相对于前面所提及的"联系的观点"而言，我们应当更加强调"全局的观念"，也即应当更加重视如何能以整体性的认识指导各个相关内容的教学。当然，后者应当同时包括"种子课""生长课"与复习课等，特别是我们应通过整体性的分析弄清在各个相关内容中究竟

① 具体内容可参见张齐华的《"认识厘米"教学实录》（《教育视界》2017 年第 2 期）。

何者可以被看成所谓的"种子课",什么又是其对于后续的学习活动所应发挥的作用?何者可以被看成真正意义上的"生长课",什么又是这里所说的"生成"的具体含义?

附:"种子课"与"问题引领"

笔者以为,这是用"全局的观念"指导数学教学的又一重要手段,即我们应当通过整体分析从相关的内容提炼出"核心问题",并以此统领全部内容的教学,也即应当将此同样贯穿于全部内容的教学。具体地说,我们不仅应在对这些内容学习之初就清楚地点明所说的"核心问题",也应在全部的学习过程中不断重复这些问题,从而真正起到提纲挈领的作用;在复习时更应引导学生围绕这些问题对全部学习过程进行回顾与梳理,从而很好地实现"知识的问题化"与"问题的知识化"的教学目标。

在所说的"问题引领"与前述关于"种子课"与"生长课"的论述之间存在一定的互补关系,特别是"核心问题"的提炼就可被看作我们应当如何去确定相应的"种子课"的一条重要的标准。另外,这又可被看成强调"问题引领"的一个明显优点,即有利于我们在教学中更好地发挥学生在学习活动中的主体作用,或者更准确地说,即同时发挥教师的主导作用与学生的主体作用——这事实上也正是现实中人们何以往往同时强调"问题引领"与"问题驱动"的主要原因。①

最后,就"度量问题"而言,笔者以为,以下两点或许就可被看成相应的"核心问题":

(1)数学中是如何处理各种度量问题的,什么更可被看成所有这些活动的共同关键点?

(2)在这方面我们又可看到怎样的发展,或者说,什么是相关发展的主要线索?

---

① 更多内容可参见笔者的另一篇文章:《中国数学教育的"问题特色"》(《数学教育学报》2018 年第 1 期)。

让数学的种子向阳而生

上海社会科学院研究员　王泠一

俞正强，浙江数学名师、金华师范学校附属小学校长，刚过知天命之年的他从教却已经三十三年了；我有幸和他在上海深谈过一回，交流了学科的专业发展话题，他称得上是谦虚的人格化，始终保持着倾听姿态。对于学生，他也是如此亲和，曰一起低头寻找幸福。春节长假里读他的专著《种子课　一个数学特级教师的思与行》（简称《种子课》），可谓收获累累。

书名里含着拥有无限可能的种子，一方面是基于作者本人扎根农村、背依山区、深耕土地的生活背景，另一方面是得益于大教育家叶圣陶的思想启蒙。叶老曾经这样精辟地指出——"受教育的人的确跟种子一样，全都是有生命的，能自己发育，自己成长的；给他们充分的合适的条件，他们就能成为有用之才。所谓办教育，最主要的就是给受教育者提供充分的合适条件。"而俞正强认为基础教育阶段的学子，就好比是天地间那一颗颗充满能量的种子；这种子不论是否愿意，都会生长，都会破土，而且是带着春夏秋冬的记忆、带着生长收藏的使命而来！他也因此深切地感受到，教师的首要姿态就是去体会，去感悟，去尊重，去唤醒！

这是一位有庄严使命感的敬业者！俞正强在书中一针见血地指出——"这些年，我们国家国力渐盛，但我们国家的生产力从整体而言，是通过学习、模仿来解决的。看到别人有了什么，我们就研究、钻研，这种强大的学习、模仿能力，是以应试教育中的解题能力为基础的。但随着我们国家渐渐走到世界科技的前沿，能模仿的东西日渐减少，国家对杰出人才的需求就会十分迫切，'钱学森之问'也就是忧国。所以，我们小学数学作为人类思维体操的童年，其意义和作用将是巨大的。"① 好形象的生动比喻啊——"人类思维体操的童年"！如果这个思维体操中只有舶来的规定动作的完整而没有原创的自选动作的出彩，那就不可能征服裁判、征服观众，进而拿高分、夺冠军，站在最高台上。

当然，应试不只是中国基础教育领域的专利。东亚国家和地区普遍如此，其中以韩国和日本最为盛行。今年（指2019年），也正好是我本人跟踪研究韩国基础教育二十周年。1992年8月24日，中国和韩国建立了大使级外交关系。那个阶段的韩国是亚洲经济的优等生，和新加坡以及中国的香港、台湾一起被经济学家们誉为"亚洲四小龙"。20世纪的最后几年，韩国电器、汽车等消费品还一度风靡上海和其他江南地区，朋友间宴请吃顿韩式烧烤则被认为是件很有面子的事情。我的课题是"亚洲四小龙的人力资源开发研究"，主要方向就是探究韩国经济崛起背后的教育元素。我走遍了韩国所有的五十万人口以上的大中城市，而济州岛最引发关注。

济州岛（隶属于济州特别自治道，简称济州道），被韩国人视为度假、婚礼和影视拍摄的天堂，也是具有国际知名度的旅游宝岛。为了保护这天蓝水碧、鸟语花香的自然环境，一千八百多平方公里的济州岛全区域是禁止工业投资的。但只靠国际旅游、免税商业和观光渔业，并不足以让这个"道"（相当于中国的省级行政区划）跟上韩国整体经济发展步伐，相应的对基础教育的投入以及科研创新的财政拨款是明显和需求脱节的。当年济州道的教育厅厅长也是当地小学校长（数学老师）出身，就忧心忡忡地告诉我：投入不足、产业不足、潜能不足，当地的家长和孩子们就一心拼升学、拼转学、拼高考。而因为缺乏优秀的师资，小学生们普遍对数学不感兴趣；家长们因为文化程度也是普遍不高，除了体罚孩子就是烧香拜佛。也因为国际游客较多，孩子们课余就去参与接待，获取些小费收入以贴补家用；久而久之，语言上的模仿能力很强。好多孩子离岛，也是因为

---

① 俞正强. 种子课：一个数学特级教师的思与行［M］. 北京：教育科学出版社，2013：232.

考取了首都首尔（当时叫汉城）或韩国第一大海港釜山的外国语大学。记得厅长向我强调并不是反对学习外语，而是漠视数学或者因畏惧数学而逃避，整个区域的创新能力、发展动力就会下降，区域也会被边缘化。

后来，我又发现：不喜欢数学及理科的孩子多了，就是凭借语言能力到美国等西方国家留学，也多数去学习企业管理、酒店管理、影视制作、法律业务以及各类文科等继承性而非原创性的学科。这样二十年过去了，不仅济州道没有出现必要的数理创新型人才和科研机构，整个韩国的制造业也因为原创能力的不足逐渐走下了一度高速增长的神坛；在三星、现代、大宇等韩国传统大企业的涉外知识产权诉讼中，他们也往往败给西方竞争对手而损失巨大份额的市场订单。而从二十年前就开始的韩国历届中央政府的愿景来看，从贸易立国向科技立国的战略转型始终没有完成；而国际贸易环境如原油价格、汇率币值等稍微有异样（俗话说"打个喷嚏"），依然是贸易立国的韩国经济就会感冒乃至伤筋动骨出现阵痛。所以，一个民族从小学时代培养的数学素养，不仅事关能否摘取科学的皇冠，而且是国家核心竞争力的基础和法宝。济州道乃至韩国的教训，也是我给俞正强老师的反面案例吧。

济州道及韩国的孩子畏惧数学，不见得浙江乃至中国的孩子就会天然地喜欢数学。浙江的人口基数、行政地理面积正好和韩国相当，历史上浙江就有尊师重教的传统，开明士绅捐资教育是常态。改革开放的初期，最早喊出"再穷不能穷教育，再苦不能苦孩子"的就是浙江；浙江的希望工程最为踏实，政府对基础教育进行财政投入也甚为积极，所以浙江是目前我国当之无愧的基础教育强省。而浙江基础教育中的数学教学，提倡教师的专业发展，讲究最大程度地激发学生兴趣、因地制宜地设计教学场景，以及进行同课异构交流（即不同学校的教师以多样化的教学风格来多角度地探究同一门课程）和教材上的融会贯通。

如今已是浙江小学数学界领军人物的特级教师俞正强，在担任校长职务多年之后，仍然在讲台上孜孜不倦地探索着。他探索的最高境界是什么呢？我在他的《种子课》一书中找到了令人感动的答案。他说自己"教数学将近三十年了，一直在思考两个问题：①如何让学生喜欢数学？②如何有效地破解学生的数学学习困难?"①。而且他执着努力的结晶告诉读者的启示是：一开始，他对这两个问题是分开思考的，它们好像各自独立；随着时间的推移，思考逐渐深入，发现这两个问题越来越趋近；现在，基本上认为是同一个问题了。即某个小孩子"如果喜欢数学，那学习困难是暂时的；如果不喜欢数学，则学习困难是持久的，积重难返"②。

那么，如何让小孩子们自然而然地喜欢数学呢？关键是对小学数学课程要重新认识了。习惯上，学校把课程按照知识属性分为概念课、计算课等；按照教学要求则分为新授课、练习课、复习课等。而俞正强则在实践中，自主地把课程分为"种子课"和"生长课"。关于"种子课"，俞正强认为对于小学生而言，许多数学知识蕴藏于生活经验之中。如果知识是一棵树，那么，学生于生活中获得的经验便是树赖以生长的土壤了；数学知识根植于土壤之中，才能避免对它的死记硬背。俞正强和他的同事们也发现，小学生尤其是到了高年级阶段也有相应的自学能力或自主探究兴趣，那么鼓励他们阅读书本或进行课外学习则意味着"生长课"。

而让学生喜欢上数学，低年级时期的初心培育就相当重要了。俞正强保留的一个经典教案就是"厘米的认识"，厘米作为度量衡的基础是每一个孩子都必须掌握的起步知识。"厘米的认识"因各地教材版本的不同，安排的年级会有一些差别，但基本上都是在一、二年级的教学中。能否激发小孩子的兴趣，要素是老师如何在导入环节设置场景。

忽然觉得现在的小孩子们实际上是很幸福的，他们在幼儿园里看童话，在小学初期阶段有俞正强这样的特级教师来设计教案，多么稳妥的幼小衔接啊！我和俞正强是同时代人，我是 1974 至 1979 年在上海的长宁区就读家门口的中山西路第一小学的，同学全是一个居委会里的邻居。我还是课代表，经常要协助数学老师夏文慧一起备课；她更像是我们的大姐姐。用俞正强在《种子课》里面理想教师形象的说法，夏文慧这样亲切可爱的老师是把学生当同学的，即一起学习和掌握数学的知识，如同羊群中

---

① 俞正强. 种子课：一个数学特级教师的思与行［M］. 北京：教育科学出版社，2013：写在前面 1.

② 同①.

的领头羊而不是拿着皮鞭吆喝的牧羊人。我和小伙伴们当然也有生活中来的数学概念，只是这些概念都源于贫困或短缺经济（当时并不觉得）。那个时候有好多票证，最多时达七十六种。我们最早的度量衡概念在小学之前就已经掌握了，如布票上的寸、粮票上的两、肉票上的斤……以及基本换算。如上海有半两粮票，是买一根油条的凭证；我和父母、奶奶、堂妹五人生活在一起，我几乎每天上学前得去国营的饮食店买五根油条，就需支付二两半的粮票。关于厘米，我们当年不需要小松鼠的帮助就明白了，因为冬天家家户户都是长辈给小孩子手工制作棉鞋，这鞋底就得一厘米厚呢，否则是要挨冻的。

现在看来，那时候我的学校也穷啊，居然没有标准化的圆规。一开始我们是用吃饭的碗来比画圆和直径的，后来夏文慧老师自己用竹子做了圆规；我们接着就明白了啥叫半径。我父亲的老师、大科学家冯德培先生（中国科学院副院长兼学部委员、著名生理学家）知道了夏文慧老师的感人事迹之后，慷慨地支援了我们小学一只标准化的圆规和一座天平——天平，让我们知道了一两等于五十克，这在当年也是个极其稀罕的教学宝贝啊，我们因此还在操场上放了好一阵子鞭炮呢！

而关于俞正强校长所提倡的"生长课"概念，我和小伙伴当年并没有什么课外数学读物可以选择。夏文慧老师则是让我们用数学知识去学雷锋，去为人民服务。我和小伙伴们分城市和农村两个小组，城市组主要去菜场和粮店帮助售货员计算货物价钱，我所在的农村组则去附近的郊区帮农民伯伯计算秋后的收成。在郊区的农田里，我遇到了大数学家苏步青，他带着复旦大学的数学系学生也在为人民服务。这位大数学家告诉我如何把平方米换算成亩，窍门就是加半向左移三法，即一千平方米加半就是一千五平方米，小数点向左移动三位，也就是一千平方米等于一点五亩。就这样，我对数学的兴趣一直没有丝毫削弱。直到后来我在一九八五年参加上海高考且以数学满分的成绩被复旦大学录取，我也得以再次见到了苏步青院士，并得知了他丰富多彩的关爱中小学数学教育的感人故事。而我自己虽然复旦大学毕业后在上海社会科学院工作，却始终觉得数学是终生之友！